KNOBELSPASS MIT KÖPFCHEN

555 x Intelligenztraining für clevere KIDS

Jürgen Brück
Harald Havas

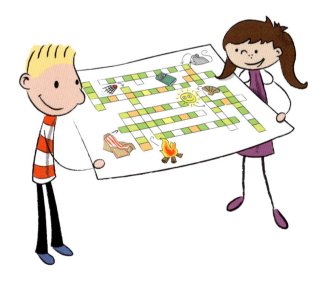

Vorwort

Eine laute Fanfare ertönt, das Publikum jubelt begeistert, es regnet Konfetti – und mittendrin stehst du und hast gerade bei „Wer wird Millionär" die Eine-Million-Euro-Frage richtig beantwortet. Am nächsten Tag wird die Schlagzeile in der Zeitung dann lauten „Deutschlands intelligentestes Kind räumt bei Jauch eine Million ab!". Träumst du auch manchmal davon, da vorn im Rampenlicht zu stehen und Ratekönig in einer Quizshow zu sein?

Viele Leute meinen nun, dass man fürchterlich intelligent sein muss, um Champion in einer Quizshow zu werden. Wer bei Günther Jauch am Schluss als strahlender Sieger dasteht, verfügt aber vor allem über ein gutes Allgemeinwissen, das heißt, er kann Fragen zu vielen unterschiedlichen Wissensgebieten richtig beantworten. Manchmal kann man wirklich nur darüber staunen, was die Leute so alles wissen. Aber zu einer gut ausgebildeten Intelligenz gehört noch mehr als ein umfangreiches Allgemeinwissen.

Dieses besondere Rätselbuch zeigt dir in acht Kapiteln, was Intelligenz eigentlich ist und was sie genau ausmacht. Am Anfang eines jeden Kapitels erzählen wir dir kurz, wozu du die dort zu trainierende Fähigkeit überhaupt gebrauchen kannst. So wirst du zum Beispiel staunen, wobei dir die Logik, ein gutes Gedächtnis oder ein schnelles Reaktionsvermögen nutzen können. Darauf folgen dann jeweils eine Menge spannender und manchmal auch lustiger Rätsel, mit denen du deine Intelligenz trainieren kannst. Denn das ist das Gute daran: Die Intelligenz fällt nicht einfach so vom Himmel und dann hast du sie. Du kannst selbst etwas dafür tun, um sie zu verbessern.

Aber das Beste kommt zum Schluss: Das Training macht sogar jede Menge Spaß!

Impressum

compact kids ist ein Imprint der Compact Verlag GmbH

© Compact Verlag GmbH
Baierbrunner Straße 27, 81379 München
Ausgabe 2017
5. Auflage

Alle Rechte vorbehalten. Nachdruck, auch auszugsweise,
nur mit ausdrücklicher Genehmigung des Verlages gestattet.

Text: Jürgen Brück, Harald Havas
Redaktion: Felicitas Szameit, Lea Schmid
Produktion: Ute Hausleiter
Abbildungen: dpa Picture-Alliance, Frankfurt (S. 77, 80, 84, 87); www.fotolia.de (Bond, Mark S. 97; caravan S. 88; Chabraszewski, Jacek S. 59; Elisseeva, Elena S. 128; Figge, Anne Katrin S. 4; Heim, Ramona S. 93; Khokhlova, Alexandra S. 62; Mack, Roslen S. 78; Rovagnati, Julián S. 51); www.pixelio.de (S. 31, 38, 42, 47, 62, 67, 71, 73, 77, 79, 81, 82, 83, 86, 90, 101, 111)
Alle Bilderrätsel stammen von Kanzlit KG
Titelabbildung: Florian Heubach
Gestaltung: Axel Ganguin
Umschlaggestaltung: Hartmut Baier, PIXELCOLOR

ISBN 978-3-8174-9359-3
381749359/5

www.compactverlag.de

Inhalt

Logik 4

Zahlengebundenes Denken 21

Räumliches Denken 38

Sprachgebundenes Denken 59

Allgemeinwissen 77

Gedächtnis 93

Reaktion 111

Konzentration 128

LOGIK

Logik

„Ist doch logisch!" Diesen Satz hast auch du bestimmt schon ein paar Mal gesagt. Aber was verbirgt sich eigentlich hinter Logik? Logik lauert im Grunde überall in deinem täglichen Leben, nicht nur im Matheunterricht.

Das fängt schon beim Aufstehen an. Hier sorgt die Logik zum Beispiel dafür, dass du zuerst die Hose und danach die Schuhe anziehst. Sie ist hier also für die richtige Reihenfolge der Dinge, die du machst, verantwortlich. Beim Frühstück hast du es dann der Logik zu verdanken, dass du deine Milch nicht mit der Gabel essen willst und am Ende durstig in die Schule gehen musst. Die Logik lässt dich also das richtige Werkzeug wählen. Schließlich folgen deine Gedanken, wenn du ein Problem lösen willst, auch meistens den Gesetzen der Logik. Aber die Logik kann noch mehr: Wenn du einmal einen Fehler gemacht hast, hilft sie dir, die Gründe dafür zu erkunden und dir dann zu überlegen, wie du beim nächsten Mal alles richtig machen kannst. Wissenschaftler sagen: Logik ist die Kunst, Zusammenhänge zu erkennen und daraus dann die richtigen Schlussfolgerungen zu ziehen. Jeder beherrscht diese Kunst, die einen besser, andere wiederum nicht so gut.

Mit ein wenig Übung kannst du dein logisches Denken immer weiter verbessern. Wir haben hier nun ganz unterschiedliche Aufgaben zusammengestellt, mit denen du trainieren kannst. Sie zeigen dir außerdem, dass Logik nicht nur nützlich ist, sondern auch jede Menge Spaß machen kann.

ÜBUNG 1

Die lustige Welt der Tiere

Was passt nicht dazu?

Welches Tier passt nicht zu den anderen?

Hund, Katze, Maus, Ratte, Adler

ÜBUNG 2

Welches Symbol folgt?

Bilderreihe

ÜBUNG 3

Denk mal nach!

Rätselfrage

Ohne den Gegenstand, den wir nun suchen, kannst du keine Geige spielen. Auch Pfeile lassen sich ohne ihn nicht abschießen. Wie heißt er?

LOGIK

ÜBUNG 4

Lies folgende Geschichte aufmerksam durch und beantworte anschließend die Frage.

Rätselfrage

Alice sitzt in einem Restaurant und nimmt ihr Abendessen zu sich. Während sie ihre Suppe isst, sieht sie aus dem Fenster und erblickt eine wunderschöne, große Kirche. Während der Hauptspeise sieht sie aus demselben Fenster und sieht einen dunklen Wald. Während der Nachspeise blickt sie wieder durch dasselbe Fenster und sieht ein großes Kraftwerk. Dann trinkt sie noch einen Kaffee, sieht wieder aus dem Fenster und schaut auf ein leuchtend gelbes Rapsfeld. Wie ist das möglich?

....

ÜBUNG 5

Was ist das?

Bilderrätsel

In jedem Quadrat sind zwei Begriffe gezeichnet, die zusammengesetzt jeweils ein neues Wort ergeben. Wie heißen die gesuchten Begriffe?

ÜBUNG 6

Woher komme ich?

Rätselfrage

Aus den im Alphabet fehlenden Buchstaben ergibt sich der Herkunftsort der Katze.

....

ÜBUNG 7

Wie gehts weiter?

Buchstabenreihe

Welcher Buchstabe setzt die Reihe fort?

A D G J M __

....

ÜBUNG 8

In der Wüste

Rätselfrage

Was machst du, wenn du in der Wüste eine Schlange siehst?

5

LOGIK

ÜBUNG 9

Geheimagenten-Party

Sprachlogik

Du bist zu einer Geheimagenten-Party eingeladen. Allerdings ist die Einladung in einer Geheimsprache verfasst, die du zuerst entschlüsseln musst, bevor du den Ort und die Zeit erfährst.

4 18 5 9 21 8 18 2 5 9 16 5 20 5 18

....

ÜBUNG 10

Welche der folgenden Figuren passt nicht zu den anderen?

Was passt nicht dazu?

....

ÜBUNG 11

Körperteile

Das gehört zusammen

Wie geht der folgende Satz weiter?

Der Finger gehört zur Hand wie der Zeh zum _____.

ÜBUNG 12

Welches Wort wird gesucht?

Rebus

Erst musst du im Uhrzeigersinn herausfinden, welche Gegenstände dargestellt sind. Dann kannst du die angegebenen Buchstaben streichen oder hinzufügen, bis du die Lösung gefunden hast.

....

ÜBUNG 13

Was ist das bloß?

Rätselfrage

Du kannst auf diesem Gegenstand schreiben, aber er ist kein Papier. Du kannst ihn auch aufklappen, aber es ist kein Heft. Was ist es denn?

....

ÜBUNG 14

Welches Symbol muss in der Reihe folgen?

Bilderreihe

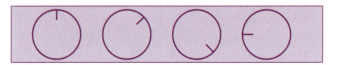

LOGIK

ÜBUNG 15

Lege zwei Streichhölzer dazu, um daraus acht zu machen.

Bilderrätsel

ÜBUNG 16

Weißt du die Antwort?

Rätselfrage

Welche Anna ist nie trocken?

ÜBUNG 17

Was ist das?

Rätselfrage

Hier ist ein Rätsel zum Verschnaufen,
eins für deine Fantasie:
Welcher Hahn kann tüchtig laufen,
aber krähen kann er nie?

ÜBUNG 18

Welche Münze gehört in die dritte Reihe?

Bilderreihe

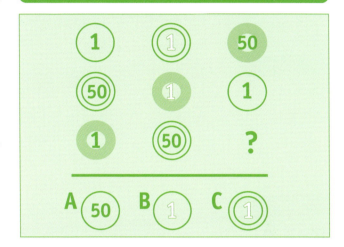

Sprichwort
Ein schlauer Mensch hat einmal über die Logik gesagt: „Logik und Vernunft sind die Hosenträger beim Denken."

ÜBUNG 19

Aufgepasst!

Buchstabenreihe

In den folgenden beiden Zeilen findest du fast alle Buchstaben des Alphabets. Lediglich das Z fehlt. Allerdings sind sie etwas anders geordnet, als du das aus der Schule kennst. In welche Zeile gehört denn nun das Z? Hier noch ein kleiner Tipp: Achte auch auf die Form der Buchstaben.

A E F H I K L M N T V W X Y

B C D G J O P Q R S U

LOGIK

ÜBUNG 20

Welche Figur passt jeweils nicht zu den anderen?

Was passt nicht dazu?

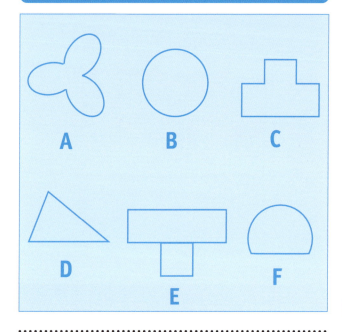

ÜBUNG 21

Welcher Buchstabe setzt die Reihe fort?

Buchstabenreihe

A Z B Y C X D __

ÜBUNG 22

Was ist das?

Rätselfrage

Was hat 21 Augen und bringt doch nicht immer Glück?

ÜBUNG 23

Ei ist nicht gleich Ei

Rätselfrage

Eine Bäuerin besitzt zwei verschiedene Arten von Hühnern. Braune Hühner, die große Eier legen, und weiße, die ihr nur kleine Eier liefern. Nun braucht sie für ein Rezept zwei gleich große Eier. Als die Bäuerin in den Hühnerstall kommt, merkt sie, dass das Licht ausgefallen ist. Sie muss also im Dunkeln die richtigen Eier suchen. Wie viele Eier muss sie aus dem Stall holen, um auf jeden Fall zwei gleich große Eier zu bekommen?

ÜBUNG 24

Was ist das?

Buchstabenrätsel

Sortiere die Buchstaben im folgenden Bild. Die angegebenen Zahlen ergeben, der Reihenfolge nach gelesen, das Lösungswort.

LOGIK

ÜBUNG 25

Hier lügt doch jemand!

Denksporträtsel

Was hier vor der Haustür liegt und qualmt, ist Onkel Kuniberts Hut. Ein Feuerwerkskörper, der aus einem der Fenster geworfen wurde, hat ihn getroffen. Natürlich will es keiner der fünf Jungen gewesen sein. Vier sagen die Wahrheit, einer hat es faustdick hinter den Ohren und lügt. Wer ist es?

ÜBUNG 26

Ist doch logisch!

Was passt nicht dazu?

Welches Wort passt nicht in die folgende Reihe?

scharf, salzig, süß, traurig

ÜBUNG 27

Alles klar?

Rätselfrage

Welches Körperteil kann weder gehen noch stehen, aber trotzdem laufen?

ÜBUNG 28

Verschlüsselte Botschaft

Sprachlogik

Auf dem Schulweg findest du eine verschlüsselte Botschaft. Versuche, den Text zu entschlüsseln.

Dsr Txt st schwr z lsn.

Der Begriff Logik
Der Begriff Logik stammt übrigens von dem griechischen Wort „logos" ab. Das bedeutet so viel wie „Wort", aber auch „Behauptung", „Aussage" oder auch „Vernunft". Alle Wissenschaften, die auf „-logie" enden, leiten sich von „logos" ab.

LOGIK

ÜBUNG 29

Allein in der Wildnis

Rätselfrage

Stell dir vor, du bist allein in der Wildnis unterwegs. Im letzten Lager ist dir dein komplettes Gepäck gestohlen worden, du hast nur noch eine Streichholzschachtel in der Tasche, in der sich ein letztes Streichholz befindet. Langsam wird es kalt. Da entdeckst du eine Blockhütte. In der Hütte gibt es eine Petroleumlampe, eine Kerze und einen Kamin, in dem sich einige Holzscheite befinden. Was zündest du zuerst an?

....

ÜBUNG 30

Was ist das?

Bilderrätsel

In jedem Quadrat sind zwei Begriffe gezeichnet, die zusammengesetzt jeweils ein neues Wort ergeben. Wie heißen die gesuchten Begriffe?

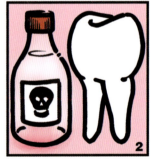

ÜBUNG 31

Welches Haus gehört auf den freien Platz in der dritten Reihe?

Bilderreihe

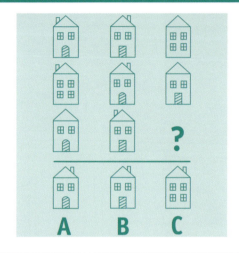

....

ÜBUNG 32

Was stimmt hier nicht?

Was passt nicht dazu?

Welches der folgenden Wörter gehört nicht hierhin?

laufen, springen, essen, lernen, Schule

....

ÜBUNG 33

Weißt du die Antwort?

Rätselfrage

In der Schule ist ein Sportfest. Auf dem Programm steht der 100-Meter-Lauf. Susanne ist nicht so schnell wie Klara. Birgit läuft nicht so schnell wie Susanne. Wer kommt hier als Letzte ins Ziel?

LOGIK

ÜBUNG 34

In der Schule

Sprachlogik

Euer Lehrer schreibt eine seltsame Nachricht an die Tafel. Wer sie entziffern kann, bekommt bestimmt gute Laune!

ETUEH ENIEK NEBAGFUASUAH

ÜBUNG 35

Kommst du drauf?

Rätselfrage

Paul ist älter als Martin. Martin ist älter als Kevin. Wer ist der Jüngste?

ÜBUNG 36

Kommst du auf das Lösungswort?

Rebus

Erst musst du herausfinden, welche Gegenstände dargestellt sind. Dann kannst du die angegebenen Buchstaben streichen oder hinzufügen, bis du die Lösung des Bilderrätsels gefunden hast.

ÜBUNG 37

Welches Symbol muss in der Reihe folgen?

Bilderreihe

ÜBUNG 38

Lies die folgende Geschichte aufmerksam (auch mehrmals) durch und beantworte anschließend die Frage.

Rätselfrage

Silvio, Romana und Susi gehen spazieren. Plötzlich läuft Susi los, springt in einen Ententeich, schwimmt den Enten nach und läuft dann so lange herum, bis sie wieder trocken ist. Die anderen finden das gar nicht eigenartig. Wieso?

ÜBUNG 39

Mensch und Tier

Das gehört zusammen

Ergänze folgenden Satz:

Eine Kutsche gehört zum Kutscher wie ein Pferd zum _____.

LOGIK

ÜBUNG 40

Welches Symbol folgt in der Reihe?

Bilderreihe

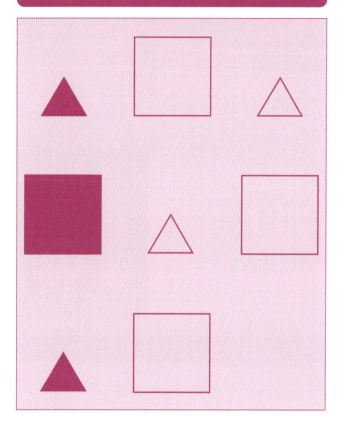

....

ÜBUNG 41

Lies die folgende Geschichte aufmerksam durch und beantworte anschließend die Frage.

Rätselfrage

Sonja fährt mit der S-Bahn von der Stadtmitte zum Stadtrand. Nach einer kurzen Pause fährt sie mit der Bahn dieselbe Strecke wieder zurück. Dann wieder raus, dann wieder zurück, den ganzen Tag. Sonja ist aber weder verrückt noch arbeitslos und es wird ihr auch nicht langweilig dabei. Wieso tut sie das denn dann?

ÜBUNG 42

Ist doch logisch!

Was passt nicht dazu?

Welches Wort passt hier nicht in die Reihe und weshalb?

Regen, Schnee, Gewitter, Sonnenblume

....

ÜBUNG 43

Denk mal nach!

Buchstabenreihe

Welcher Buchstabe setzt die Reihe fort?

K L N M O P R Q __

....

ÜBUNG 44

Welches Wort wird gesucht?

Rebus

Erst musst du herausfinden, welche Gegenstände dargestellt sind. Dann kannst du die angegebenen Buchstaben streichen oder hinzufügen, bis du die Lösung des Bilderrätsels gefunden hast.

12

LOGIK

ÜBUNG 45

Das weißt du bestimmt!

Rätselfrage

Wenn du dieses Kleidungsstück kaufst, erhältst du immer zwei davon. Wenn du beide trägst, tun sie das Gleiche, einer ist dabei aber immer dem anderen voraus. Was ist das wohl?

ÜBUNG 46

Familienverhältnisse

Was passt nicht dazu?

Welcher Verwandte passt nicht zu den anderen?

Papa, Mama, Sohn, Kind, Opa

ÜBUNG 47

Welche der Figuren gehört nicht zu den anderen?

Was passt nicht dazu?

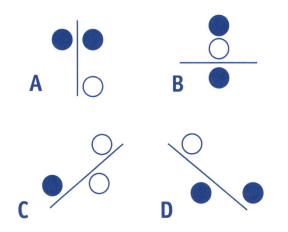

ÜBUNG 48

Finde die Lösung!

Bilderrätsel

Wenn du die Fragen richtig beantwortest, ergeben die zweiten Buchstaben der Wörter das gesuchte Lösungswort. Kleine Hilfe: Gleiche Symbole bedeuten gleiche Buchstaben.

ÜBUNG 49

Geheimsprache

Sprachlogik

Inga und Ben sind die besten Freunde. Damit nicht jeder all ihre Gespräche belauschen kann, haben sie eine Geheimsprache erfunden. Kannst du die Geheimsprache knacken und den folgenden Satz „übersetzen"?

inongoga unondod bobenon kokenonnonenon einone gogehoheimomsospoproracochohe

13

LOGIK

ÜBUNG 50

Weißt du die Antwort?

Buchstabenreihe

Hier siehst du wieder eine Buchstabenreihe. Welcher Buchstabe setzt die Reihe fort?

R A E T S E __

....

ÜBUNG 51

Lies die folgende Geschichte (auch mehrmals) und beantworte anschließend die Frage.

Rätselfrage

Im Zirkus. Der Clown tritt auf und fällt hin, alle Zuschauer fangen an zu lachen. Nachdem er aufgestanden ist, stolpert er über einen Eimer, wieder lachen alle Zuschauer. Dann tritt der Clown in den Eimer und läuft schließlich scheppernd gegen einen Pfosten, alle Anwesenden lachen, bis auf Erich. Wieso?

Boolesche Algebra
Auch der Computer benötigt zum Arbeiten die Logik. Der englische Mathematiker George Boole (1815–64) hat die Logik der Computer erfunden. Hier geht es immer darum, ob bestimmte Aussagen wahr oder falsch sind. Boole hat seine Aussagen auch miteinander verknüpft. Dafür hat er nicht Zeichen wie + oder – verwendet, sondern die drei sogenannten Operatoren UND, ODER und NICHT. Alle elektronischen Schaltungen, die man an einem modernen Computer findet, funktionieren auf Grundlage dieser Logik, die man auch boolesche Algebra nennt.

ÜBUNG 52

Welches Symbol folgt als Nächstes?

Bilderreihe

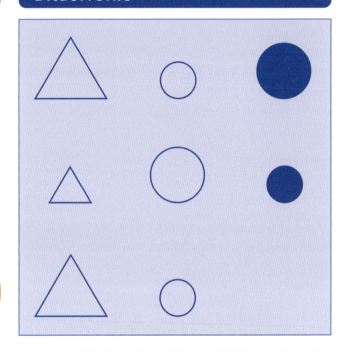

....

ÜBUNG 53

Was ist das?

Rätselfrage

Mit T im Wald,
mit W im Bad,
mit K im Schrank,
Nun, mein Freund, errate!

LOGIK

ÜBUNG 54

Was stimmt hier nicht?

Denksporträtsel

Der weißhaarige Gelehrte auf den beiden Bildern ist der niederländische Physiker, Mathematiker und Astronom Christiaan Huygens. Auf dem Bild in seinem Studierzimmer ist er mit einigen technischen Erfindungen abgebildet, die nicht so ganz zu seiner Zeit passen. Diese sind herauszusuchen und den entsprechenden Sachinformationen am Rande des Bildes zuzuordnen. Die Informationen sind so zerschnitten, dass sie, wenn richtig geordnet, den Namen des Erfinders, Lebensdaten und Erfindung nennen. Welche sind es? In welchem Bild stecken sie?

ÜBUNG 55

Welcher Pfeil gehört nicht in die Reihe und warum?

Was passt nicht dazu?

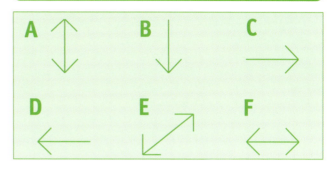

LOGIK

ÜBUNG 56

Welche Figur passt jeweils nicht zu den anderen?

Was passt nicht dazu?

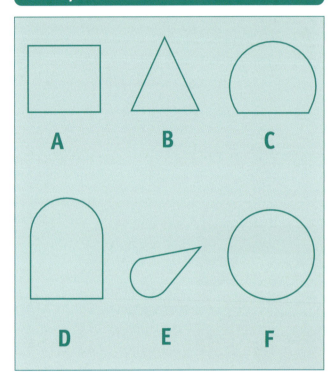

ÜBUNG 57

Für kleine Heimwerker und Spezialisten

Das gehört zusammen

Ergänze folgenden Satz:

Ein Hammer gehört zum Nagel wie ein Schraubenzieher zur _____ .

ÜBUNG 58

Kommst du drauf?

Rebus

Erst musst du im Uhrzeigersinn herausfinden, welche Gegenstände dargestellt sind. Dann kannst du die angegebenen Buchstaben streichen oder hinzufügen, bis du die Lösung gefunden hast.

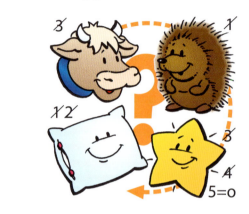

ÜBUNG 59

Bitte scharf nachdenken!

Buchstabenreihe

Welcher Buchstabe folgt in der Reihe als Nächstes?

A X Y B X Y C X Y __

ÜBUNG 60

Denk mal nach!

Rätselfrage

Max und Jonas spielen Mühle. Sie spielen siebenmal. Trotzdem gewinnen beide gleich oft und es gibt kein Unentschieden. Wie kann das klappen?

LOGIK

ÜBUNG 61

Lies die Geschichte und beantworte anschließend die Frage.

Rätselfrage

Maria legt sich zu Mittag auf ein Nickerchen hin. Sie bleibt die ganze Zeit still auf dem Rücken liegen und dreht auch den Kopf kein einziges Mal. Aber als sie einmal blinzelt, sieht sie das Nachbarhaus links. Als sie noch einmal blinzelt, sieht sie das Nachbarhaus rechts. Und als sie zum dritten Mal blinzelt, sieht sie ein Flugzeug. Wie geht das?

Der Erfinder der Logik
Der griechische Denker Aristoteles (384–322 vor Christus) hat sich als Erster Gedanken über die Logik gemacht. Er gilt deshalb als der „Erfinder" der Logik als Wissenschaft und ist Verfasser zahlreicher philosophischer Werke.

ÜBUNG 62

Welches Symbol gehört an die Stelle des Fragezeichens?

Bilderreihe

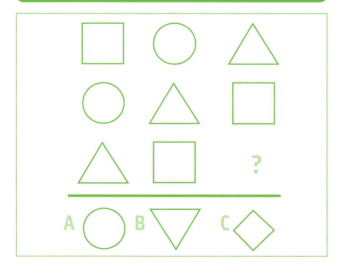

ÜBUNG 63

Stelle zwei Hölzer so um, dass der Schmutz nicht mehr in, sondern außerhalb der Schaufel liegt.

Bilderrätsel

ÜBUNG 64

Was ist das?

Rätselfrage

In jedem Quadrat sind zwei Begriffe gezeichnet, die zusammengesetzt jeweils ein neues Wort ergeben. Wie heißen die gesuchten Begriffe?

LOGIK

ÜBUNG 65

Lies folgende Geschichte und beantworte anschließend die Frage.

Rätselfrage

Ein Mann steht vor seinem Haus. Dann geht er einmal rundherum, dafür braucht er 30 Sekunden. Das Haus ist kreisrund und hat bis auf den Eingang keine Ecken und auch keine Fenster. Um hineinzugehen muss der Mann sich hinknien und hineinkriechen. Wieso?

....

ÜBUNG 66

Wie gehts weiter?

Buchstabenreihe

Welcher Buchstabe setzt die Reihe fort?

A C B D C __

....

ÜBUNG 67

Welche Figur setzt die dritte Reihe fort?

Bilderreihe

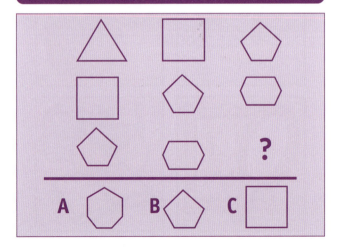

ÜBUNG 68

Kommst du auf das Lösungswort?

Rebus

Erst musst du im Uhrzeigersinn herausfinden, welche Gegenstände dargestellt sind. Dann kannst du die angegebenen Buchstaben streichen oder hinzufügen, bis du die Lösung gefunden hast.

....

ÜBUNG 69

Verrückte Welt!

Rätselfrage

Bei dieser Aufgabe musst du ein bisschen aufpassen, denn sie klingt total verrückt. Trotzdem kannst du die folgende Frage bestimmt beantworten:
Wenn alle Häuser Frösche und alle Frösche Hunde sind, sind dann alle Häuser Hunde?

....

ÜBUNG 70

Familienverhältnisse

Rätselfrage

Zwei Söhne und zwei Väter gehen etwas trinken. Sie bestellen drei Gläser Wasser. Wie ist es möglich, dass jeder von ihnen ein Glas Wasser bekommt?

LOGIK

Lösungen

Lösung 1: Der Adler ist das einzige Tier, das fliegen kann, und passt deshalb nicht in die Reihe.

Lösung 2: großer heller Kreis

Lösung 3: Bogen

Lösung 4: Alice speist in einem Zugrestaurant.

Lösung 5: 1. Bildröhre, 2. Eisvogel, 3. Elfenbein, 4. Fischstäbchen

Lösung 6: Paris

Lösung 7: Es folgt das P. Es werden immer zwei Buchstaben übersprungen.

Lösung 8: Hinten anstellen.

Lösung 9: „Drei Uhr bei Peter" lautet die Nachricht. Hier hat jeder Buchstabe eine Zahl bekommen, das A eine 1, das B eine 2, das C eine 3 und so weiter bis zum Z, das die Zahl 26 bekommen hat. Nun musst du nur noch die Zahlen durch die entsprechenden Buchstaben ersetzen und schon hast du die Nachricht entschlüsselt.

Lösung 10: 3. Alle anderen Figuren bestehen aus drei Strichen, das E aus vier.

Lösung 11: Fuß

Lösung 12: Schwein, Eis, Drachen, Stern. Lösungswort = Schiedsrichter

Lösung 13: eine Tafel

Lösung 14:

Lösung 15: VIII

Lösung 16: die Ananas

Lösung 17: der Wasserhahn

Lösung 18: B. Jede Münzreihe hat je einmal eine grüne 1, eine weiße 1 und einmal eine 50 sowie einen dicken grünen Rand, einen Rand mit zwei Strichen und einen Rand aus nur einem Strich.

Lösung 19: Das Z gehört in die obere Zeile, denn dort stehen alle Buchstaben, die keine Rundung haben.

Lösung 20: E. Alle anderen Figuren bestehen aus einer Fläche.

Lösung 21: W. Hier wird das Alphabet abwechselnd von vorn nach hinten und von hinten nach vorn aufgeführt.

Lösung 22: Der Würfel. Wenn du alle Augen addierst, erhältst du 1 + 2 + 3 + 4 + 5 + 6 = 21 als Lösung. Aber nicht immer hat man beim Würfeln Glück.

Lösung 23: Die Bäuerin muss drei Eier holen. Das erste Ei ist entweder groß oder klein. Wenn das zweite Ei anders ist als das erste, hat sie ein großes und ein kleines Ei. Das dritte Ei ist auch wieder entweder groß oder klein. Sie hat dann also auf jeden Fall zwei gleiche Eier. Vielleicht waren auch schon die beiden ersten Eier gleich. Dann hätte sie das Dritte gar nicht benötigt. Sie kann aber erst nach dem dritten Ei ganz sicher sein, dass sie zwei gleich große hat.

Lösung 24: Sternzeichen

Lösung 25: Bastel war es nicht. Sonst hätten Okki und Marko etwas vorbeifliegen sehen. Okki und Marko waren es auch nicht, sonst wären es ja zwei Lügner (denn beide sagen ja das Gleiche). Wenn es weder Bastel noch Okki oder Marko waren, kann bei Knobbi nichts vorbeigeflogen sein. Er lügt. Das bestätigt auch Ulfs Aussage.

Lösung 26: Traurig passt nicht. Die anderen Worte bezeichnen verschiedene Geschmacksrichtungen.

Lösung 27: die Nase

Lösung 28: Die Botschaft lautet: Dieser Text ist schwer zu lesen. Hier wurden einfach alle Vokale weggelassen.

Lösung 29: Natürlich das Streichholz, denn ohne es gäbe es nirgendwo Feuer.

Lösung 30: 1. Eisenhut, 2. Giftzahn, 3. Heftklammer, 4. Hundesteuer

Lösung 31: C. In jeder Zeile gibt es jeweils ein Haus ohne Schornstein, eines mit einem links, eines mit einem rechts, dann je ein Haus mit eckiger Tür, mit runder Tür und mit Fensterfront. C enthält beide Elemente, die in der dritten Reihe noch fehlen.

Lösung 32: Die Schule hat in der Reihe nichts zu suchen, sie ist das einzige Nomen, also Hauptwort.

Lösung 33: Birgit kommt als letzte Läuferin im Ziel an.

Lösung 34: HEUTE KEINE HAUSAUFGABEN steht da an der Tafel. Der Lehrer hat die einzelnen Wörter einfach von rechts nach links geschrieben.

19

LOGIK

Lösung 35: Kevin ist der Jüngste.

Lösung 36: Pferd, Erbsen, Sonne, Hund, Finger, Bus. Lösungswort = Pettersson und Findus

Lösung 37:

Lösung 38: Susi ist ein Hund.

Lösung 39: Reiter. Die Kutsche und der Kutscher gehören zusammen und das Pferd und der Reiter ebenso.

Lösung 40: kleines helles Dreieck

Lösung 41: Sonja ist die Zugführerin (Fahrerin).

Lösung 42: Die Sonnenblume ist zwar schön anzusehen, passt hier aber nicht hin, denn die anderen Begriffe bezeichnen verschiedene Wetterphänomene.

Lösung 43: Es folgt das S. Zunächst kommen zwei Buchstaben in der richtigen Reihenfolge, die nächsten beiden Buchstaben sind vertauscht, dann kommen wieder richtige – und immer so weiter. Das Q und das R sind vertauscht, die Reihenfolge muss also nun wieder stimmen.

Lösung 44: Drachen, Ente, Wolf, Tür, Schlange, Liege. Lösungswort = Drei Engel für Charlie

Lösung 45: Schuhe

Lösung 46: Der Opa passt nicht zu den anderen Verwandten, denn sie haben alle vier Buchstaben.

Lösung 47: C. Alle anderen Figuren bestehen aus zwei Punkten, einem Strich und einem Kreis. C besteht aus zwei Kreisen und einem Punkt.

Lösung 48: Eber, Herd, Beil, Brei, Herr. Lösungswort = Beere

Lösung 49: Der Satz lautet: Inga und Ben kennen eine Geheimsprache. Diese Sprache ist einfach zu lernen: Vokale (a, e, i, o, u) werden nicht verändert, Konsonanten musst du verdoppeln und ein o zwischen sie schreiben. Aus „d" wird dann also „dod".

Lösung 50: Es folgt das L. Denn dieses Mal haben wir dich ein wenig an der Nase herumgeführt. Wir suchen nämlich ein Lösungswort – und zwar RAETSEL.

Lösung 51: Erich ist der Clown.

Lösung 52: großer dunkler Kreis

Lösung 53: Tanne, Wanne, Kanne

Lösung 54: Huygens konnte (oberes Bild) zwar mit seinem Zeitgenossen Rembrandt sprechen, mit Henlein (unteres Bild) aber nicht. Und per Telefon schon gar nicht, denn es wurde später entwickelt (Reis 1834–1874). Henlein (1480–1542) lebte zu Huygens Zeit nicht mehr.

Lösung 55: E. Dieser Pfeil steht als Einziger schräg (45°) bzw. zeigt in keine der vier Himmelsrichtungen.

Lösung 56: F. Diese Figur hat keine gerade Linie.

Lösung 57: Schraube

Lösung 58: Kuh, Igel, Stern, Kissen. Lösungswort = KUGELSTOSSEN

Lösung 59: Es folgt ein D. Hier wird nämlich eigentlich ganz normal das Alphabet aufgezählt. Es steht nur zwischen zwei Buchstaben immer XY.

Lösung 60: Das kann nur dann klappen, wenn Max und Jonas nicht gegeneinander spielen (aber davon war ja auch in dem Text nicht die Rede).

Lösung 61: Maria döst in einer Hängematte im Garten.

Lösung 62: A. In jeder Zeile stehen je ein Dreieck, ein Quadrat und ein Kreis.

Lösung 63:

Lösung 64: 1. Inselkette, 2. Maulkorb, 3. Spiegelbild, 4. Taschenbuch

Lösung 65: Der Mann ist ein Inuit und sein Haus ist ein Iglu!

Lösung 66: E. Das Muster ist, bei A beginnend: abwechselnd zwei vor und eins zurück (A plus 2 ist C minus 1 ist B plus 2 ist D …)

Lösung 67: A. Das Schema lautet: je eine Ecke mehr (A hat sieben Ecken).

Lösung 68: Schlange, Baum, Ei, Bier. Lösungswort = Schlaumeier

Lösung 69: Die Antwort lautet Ja. Du darfst dich hier nämlich nicht davon verwirren lassen, dass jede einzelne Aussage völlig verrückt ist. Es geht nämlich nur darum, ob die Schlussfolgerung stimmt.

Lösung 70: Es sind Großvater, Vater und Enkel.

ZAHLENGEBUNDENES DENKEN

Zahlengebundenes Denken

„Wer seinen Kopf trainieren will, kommt an Mathematikaufgaben nicht vorbei." Einen solchen Spruch hast du sicherlich schon häufig von deinem Mathelehrer gehört.

Vielleicht hast du dabei gedacht: „Der will uns ja doch nur sein Fach schmackhaft machen." Aber dein Lehrer hat recht. Wer nämlich eine Mathematikaufgabe lösen will, muss eine ganze Menge Dinge beachten. Zunächst einmal musst du ganz genau hinsehen und dich gut konzentrieren, um sicher zu sein, dass du die Aufgabe auch richtig verstanden hast. Dann musst du die wichtigen von den unwichtigen Informationen trennen. Bei Textaufgaben ist es schließlich nötig, den Text in eine Rechnung zu verwandeln. Und ganz zum Schluss kommt es dann noch darauf an, die Rechnung richtig auszuführen.

Viele der Dinge, die wir eben aufgezählt haben, sind auch in deinem täglichen Leben nützlich. Wenn du dich gut konzentrieren kannst, kannst du viele Dinge schneller erledigen als andere. Wer wichtige Informationen schnell erkennt, lässt sich nicht so leicht hinters Licht führen. Und auch ein bisschen rechnen zu können, hat noch niemandem geschadet. All diese Fähigkeiten kannst du nun mit den Aufgaben, die wir für dich zusammengestellt haben, trainieren. Um sie lösen zu können, musst du kein mathematisches Genie sein. Es reicht völlig, wenn du die vier Grundrechenarten kennst. Natürlich musst du manchmal auch ein bisschen knobeln, aber wenn es zu einfach ist, macht die Angelegenheit ja keinen Spaß!

ÜBUNG 71

Aufgepasst!

Zahlenreihe

Welche Zahl folgt als Nächstes in der Reihe?

2   4   6   8   __

ÜBUNG 72

Zeitrechnung

Rechenaufgabe

Wie viele Stunden sind 9 Tage und 6 Stunden?

ÜBUNG 73

Sudoku macht Spaß!

Sudoku

Löse folgendes Sudoku.

	4			9				6
3		5	2		6	9		1
9	8	6			1			
		1	7			5		2
4	5	7		1	2	6		8
2		3	9					4
6			1		5	4	2	9
5	2	4		8		7		3
7				2	3	8	6	

ZAHLENGEBUNDENES DENKEN

ÜBUNG 74

Welche Zahl fehlt?

Zahlenrätsel

6	8	13
9	11	16
12	?	19

ÜBUNG 75

Quersumme

Rechenaufgabe

Wie viele Zahlen zwischen 1 und 100 haben die Quersumme 6? Hier noch ein Hinweis, der dir die Lösung erleichtert: Du erhältst die Quersumme, wenn du alle Ziffern einer Zahl addierst.

ÜBUNG 76

Kniffelig

Zahlenrätsel

Verteile die Zahlen von 1 bis 8 so in die Grafik, dass benachbarte Zahlen nicht in benachbarten Kästchen stehen.

ÜBUNG 77

Oma Krause hat Geburtstag!

Textaufgabe

Oma Krause hat Geburtstag. Sie ist so alt geworden, dass sogar der Bürgermeister zum Gratulieren kommt. Als er nach ihrem Alter fragt, antwortet Oma Krause mit einer Rechenaufgabe: „Addieren Sie die größte einstellige Zahl zur größten zweistelligen Zahl. Nehmen Sie dann das Ergebnis und addieren Sie die größte dreistellige Zahl dazu. Ziehen Sie jetzt noch die kleinste vierstellige Zahl ab und Sie wissen, wie alt ich bin."

ÜBUNG 78

Welche Zahl fehlt?

Zahlenreihe

1 2 3

3 2 1

2 3 __

ÜBUNG 79

Welche Rechenzeichen fehlen?

Rechenaufgabe

Bei der folgenden Rechenaufgabe sind die Rechenzeichen abhandengekommen. Kannst du sie wieder so einsetzen, dass die Aufgabe stimmt?

5 4 6 3 = 23

ZAHLENGEBUNDENES DENKEN

ÜBUNG 80

Aufgepasst!

Was passt nicht dazu?

Welche Zahl passt nicht hierhin?

3　2　4　8　6

ÜBUNG 81

Welche Summe ergibt sich, wenn alle Zahlen zusammengezählt werden?

Zahlenklops

ÜBUNG 82

Familie Müller

Rätselfrage

Familie Müller hat sechs Söhne. Jeder Sohn hat eine Schwester. Wie viele Kinder haben die Müllers insgesamt?

ÜBUNG 83

Welche Zahl gehört in die Lücke?

Zahlenreihe

7　14　___　28　35

ÜBUNG 84

Fußballspieler

Textaufgabe

Tim, Alex und Lukas spielen Fußball. Tim trägt die Nummer 5, Alex die 7 und Lukas die 9. Bilde alle dreistelligen Zahlen, die sich aus den Trikotnummern ergeben, und addiere sie dann. Welches Ergebnis erhältst du?

ÜBUNG 85

Für Schlaumeier

Zahlenrätsel

Wenn du die Zahl, die wir suchen, durch 4 teilst und von diesem Ergebnis 15 abziehst, erhältst du eine 5. Wie lautet die Zahl?

Erste Zahlensysteme
Das erste Zahlensystem, das die Menschen benutzten, entwickelten die Sumerer schon 3500 Jahre vor Christus. Anders als wir hatten sie aber kein Zehnersystem, sondern eines, das auf der Zahl 60 aufbaut. So kommt es übrigens auch, dass ein voller Kreis bei uns heutzutage einen Winkel von 360° hat.

ZAHLENGEBUNDENES DENKEN

ÜBUNG 86

Denk mal nach!

Zahlenreihe

Welche Zahl folgt als Nächstes in der Reihe?

1 2 4 8 16 ___

ÜBUNG 87

Welche Blüte steht für welche Zahl?

Bilderaufgabe

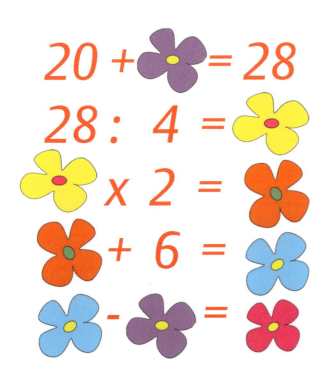

ÜBUNG 88

Zahlen über Zahlen

Was passt nicht dazu?

Welche Zahl passt nicht zu den anderen?

16	4	6	8
24	48		12
	20	44	

Die erste Rechenmaschine
Die erste funktionierende Rechenmaschine wurde im 17. Jahrhundert von dem deutschen Gelehrten Gottfried Wilhelm Leibniz (1646–1716) gebaut. Sie arbeitete mit verschiedenen Walzen. Allerdings hatte sie den Nachteil, dass sie den Zehnerübertrag nicht automatisch ausführen konnte. Wenn das Ergebnis einer Rechnung also die Zehnergrenze überschritt, musste man das Ergebnis mit der Hand korrigieren.

ÜBUNG 89

Legowand

Textaufgabe

Auch beim Spielen kann man einiges rechnen: Klara, Katrin und Kirsten spielen mit Legosteinen. Sie haben 18 Vierer-, 12 Sechser- und 9 Achterblöcke. Sie wollen eine Wand bauen. Wie viele Einersteine ist die Wand breit, wenn sie drei Lagen hoch sein soll?

24

ZAHLENGEBUNDENES DENKEN

ÜBUNG 90

Für Rechenmeister

Textaufgabe

6 Kilogramm Äpfel kosten 7,50 Euro. Wie teuer sind dann 9 Kilogramm?

ÜBUNG 91

Welche Zahl gehört in die Lücke?

Zahlenreihe

8   16   24   ___   40   48

ÜBUNG 92

Rechne nach!

Rechenaufgabe

Wie viele Sekunden hat eine Stunde?

ÜBUNG 93

Welche Zahl fehlt hier?

Zahlenrätsel

28	30	60
58	60	120
?	116	232

ÜBUNG 94

Lukas baut eine Treppe

Textaufgabe

Der kleine Lukas ist schon ein richtiger kleiner Architekt und möchte mit seinen Bausteinen eine Treppe bauen. Für die erste Stufe benötigt er einen Stein, für die zweite Stufe zwei, für die dritte drei und so weiter. Wie viele Steine braucht er, um eine Treppe mit zehn Stufen zu bauen?

ÜBUNG 95

Kommst du drauf?

Zahlengitter

Wie müssen die neun Zahlen, die neben dem Gitter stehen, in das Diagramm eingetragen werden, damit sich in jeder waagerechten und senkrechten Reihe die Zahl 19 ergibt?

ZAHLENGEBUNDENES DENKEN

ÜBUNG 96

Welche Zahl folgt in der jeweiligen Reihe?

Zahlenreihe

8 7 6 5 ?
2 5 8 11 ?

ÜBUNG 97

Geld teilen

Textaufgabe

Simon und Niklas bekommen 50 Euro. Sie wollen das Geld so teilen, dass Niklas genau einen Euro mehr bekommt als Simon. Wie viel Geld bekommt jeder von ihnen?

ÜBUNG 98

Welches Bild ergibt sich, wenn du alle Flächen, deren Zahlen durch 2 teilbar sind, kräftig ausmalst?

Zahlenbild

ÜBUNG 99

Herzschlag

Textaufgabe

Lea misst ihren Herzschlag. Sie kommt zu dem Ergebnis, dass ihr Herz in der Minute 72 Mal schlägt. Wie oft schlägt Leas Herz am Tag?

ÜBUNG 100

Welche Zahl fehlt?

Zahlenrätsel

9	8	7
9	6	3
9	4	?

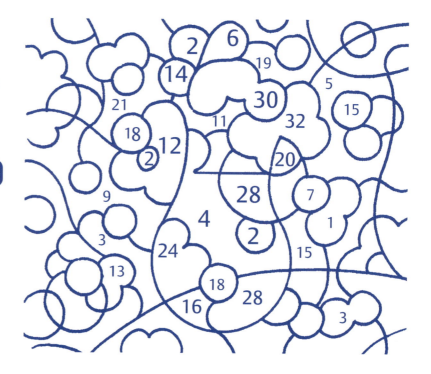

26

ZAHLENGEBUNDENES DENKEN

ÜBUNG 101

Waldi, der Feinschmecker

Rechenaufgabe

Waldi ist Feinschmecker. Das bedeutet, dass er nicht jeden Knochen mag, den man ihm vorsetzt. Einzig und allein diejenigen, die durch 7 teilbar sind, sind ganz nach seinem Geschmack. Welche sind das?

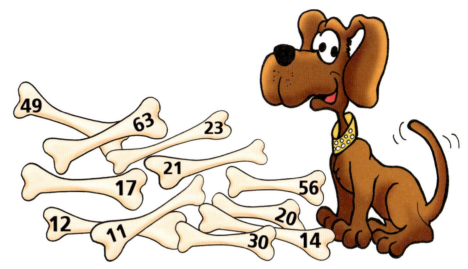

ÜBUNG 102

Konzentration bitte!

Sudoku

Löse folgendes Sudoku.

2	4	6				9	8	3
			8	3	9			
8	3	9				7	1	5
		3	7	1				
3	7	1				2	5	6
		5	6	2				
9	1	3				5	7	2
			7	2	5			
7	2	5				4	6	8

ÜBUNG 103

Für Sportler

Textaufgabe

Eine Runde im Sportstadion ist 400 Meter lang. Bei den Leichtathletik-Weltmeisterschaften wird auch ein Lauf über 10 Kilometer gestartet. Wie viele Runden müssen die Läufer bei diesem Rennen drehen?

ÜBUNG 104

Welche Zahl fehlt?

Zahlenrätsel

1	2	3
4	?	6
7	8	9

ZAHLENGEBUNDENES DENKEN

ÜBUNG 105

Denk genau nach!

Textaufgabe

Wie oft kommt die Ziffer 5 in den Zahlen von 1 bis 100 vor?

ÜBUNG 108

Welche beiden Zahlen fehlen?

Zahlenreihe

224 __ 56 28 14 __

ÜBUNG 106

Hilf dem Marienkäfer!

Rechenaufgabe

Die beiden Marienkäfer müssen alle Punkte in dem Quadrat zählen. Hilf ihnen. Wer multiplizieren und addieren kann, hat es hier leichter.

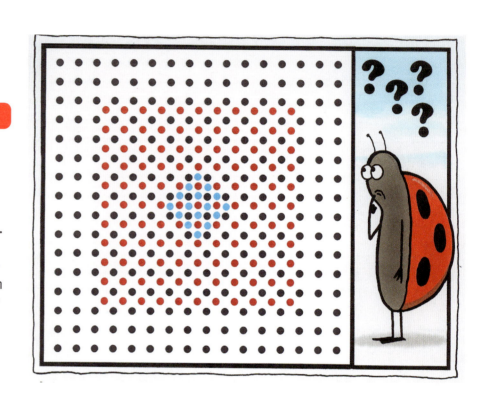

ÜBUNG 107

Welche Zahl fehlt hier?

Zahlenrätsel

37	77	47
67	27	
87	97	17

ÜBUNG 109

Für Rechenmeister

Rechenaufgabe

Bei der folgenden Rechenaufgabe sind die Rechenzeichen abhandengekommen. Kannst du sie wieder so einsetzen, dass die Aufgabe stimmt?

7 8 9 2 = 252

ZAHLENGEBUNDENES DENKEN

ÜBUNG 110

Denk scharf nach!

Was passt nicht dazu?

Welche Zahl passt nicht hierhin?

12 45 36 78 99 26 37

....

ÜBUNG 111

Briefmarken

Zahlenklops

Zählt man alle Zahlen zusammen, so erfährt man, wie viele Briefmarken bereits gesammelt worden sind.

ÜBUNG 112

Erdumrundung

Textaufgabe

Das Spaceshuttle braucht für eine Erdumrundung 99 Minuten. Wie lange ist es unterwegs, wenn es die Erde 160-mal umrunden will?

....

ÜBUNG 113

Welche Zahl gehört in die Lücke?

Zahlenreihe

13 26 __ 52 65

....

ÜBUNG 114

Wandle um!

Rechenaufgabe

Wie viele Dezimeter sind 2,60 Meter?

....

ÜBUNG 115

Welche Zahl fehlt hier?

Zahlenrätsel

7	5	3
8	5	2
9	?	1

ZAHLENGEBUNDENES DENKEN

ÜBUNG 116

Shopping

Rätselaufgabe

Yasmin und Susanne machen gemeinsam einen Schaufensterbummel. Yasmin zeigt ihrer Freundin, was sie sich zum Geburtstag wünscht. Man kann es weder auf dem Rücken tragen, noch über die Schulter hängen oder an den Füßen tragen. Das gewünschte Outfit setzt sich aus zwei Teilen zusammen. Die Schaufensterpuppe, die es trägt, hat keine braunen Haare, aber die Schaufensterpuppe links neben ihr trägt eine braune Perücke. Hosen hat Yasmin genügend, darum ist ein Rock Teil des gewünschten Outfits. Das Shirt und der Rock kosten zusammen 38 Euro. An welcher Schaufensterpuppe sind die Teile dekoriert, die sich Yasmin wünscht?

ÜBUNG 117

Zahlenpyramide

Zahlenreihe

Wie muss in dieser Zahlenpyramide wohl die nächste Zeile lauten?

```
            1
          1   1
        1   2   1
      1   3   3   1
    1   4   6   4   1
```

ZAHLENGEBUNDENES DENKEN

ÜBUNG 118

Jonas, der Rätseldrache

Zahlenklops

Jonas, der schlaue Rätseldrache, soll die Zahlen durchschreiten, die zusammengezählt die Endsumme 32 ergeben. Wer hilft ihm dabei?

Die Null

Als die Menschen anfingen zu zählen, kannten sie noch keine Null. Das kommt daher, dass sie noch kein Zeichen für etwas brauchten, das es nicht gibt. Erst später wurden die ersten Nullen dafür benötigt, besonders große Zahlen darzustellen. Wer genau die Erfinder der Null waren, weiß man nicht mehr. Wissenschaftler glauben aber, dass auch hier die Sumerer, ähnlich wie bei der Entwicklung des ersten Zahlensystems, die Nase vorn hatten.

ÜBUNG 120

Kommst du drauf?

Rechenaufgabe

Wie viele Tage sind 1440 Minuten?

ÜBUNG 119

Welche Zahl fehlt?

Zahlenrätsel

6	5	4
8	6	4
9	6	?

ÜBUNG 121

Schafe

Textaufgabe

Wenn zwei Schafe an einem Tag 20 Kilogramm Gras fressen, wie viel Gras fressen dann zwölf Schafe in derselben Zeit?

31

ZAHLENGEBUNDENES DENKEN

ÜBUNG 122

Welches Bild ergibt sich, wenn du alle Flächen, deren Zahlen durch 3 teilbar sind, kräftig ausmalst?

`Zahlenbild`

ÜBUNG 123

Wandle um!

`Rechenaufgabe`

Wie viele Sekunden sind 10 Minuten und 40 Sekunden?

ÜBUNG 124

Finde die Rechenzeichen!

`Rechenaufgabe`

Bei der folgenden Rechenaufgabe sind die Rechenzeichen abhandengekommen. Kannst du sie wieder so einsetzen, dass die Aufgabe stimmt?

5   4   6   3 = 4

ÜBUNG 125

Zahlen über Zahlen

`Zahlenreihe`

Welche Zahl folgt als Nächstes in der Reihe?

320   160   80   40   20   __

ÜBUNG 126

Klassenausflug

`Textaufgabe`

Deine Klasse fährt mit dem Zug zu einem Klassenausflug. Sie kommt um 13:45 Uhr an und war insgesamt 345 Minuten unterwegs. Wann ist der Zug losgefahren?

ZAHLENGEBUNDENES DENKEN

ÜBUNG 127

Gleiche Tiere bedeuten gleiche Zahlen. Welche Zahl muss anstelle des Fragezeichens stehen?

Bilderaufgabe

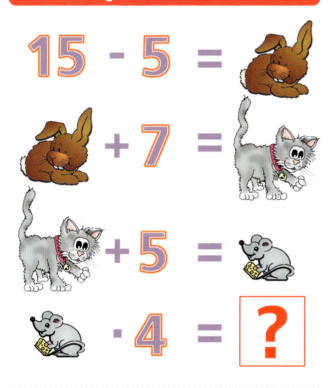

ÜBUNG 128

Beim Einkaufen

Textaufgabe

Bastian kauft im Supermarkt Lebensmittel ein. In seinem Einkaufskorb befinden sich Fleisch für 12,63 Euro, Milch für 1,47 Euro, Obst für 4,98 Euro, Cornflakes für 1,23 Euro und Mineralwasser für 2,52 Euro. Bastian hat 25,00 Euro in der Tasche und möchte nun schell herausfinden, ob er sich noch ein Eis kaufen kann. Zu diesem Zweck rundet er die Beträge auf ganze Eurobeträge auf oder ab. Zu welchem Ergebnis kommt Bastian?

ÜBUNG 129

Kommst du drauf?

Was passt nicht dazu?

Welche Zahl passt nicht hierhin?

9   18   27   45   72   36   64

ÜBUNG 130

Die Zeit verfliegt

Textaufgabe

Wie viele Sekunden sind 21 Minuten und 20 Sekunden?

Das Minuszeichen
Noch bis ins 15. Jahrhundert hinein gab es kein Minuszeichen, obwohl die Menschen damals natürlich auch schon rechnen konnten. Das liegt daran, dass sie früher die Wörter „minus" und „plus" einfach ausschrieben. Später machte man es sich dann etwas einfacher und kürzte „minus" mit m ab. Oft bekam es auch noch einen waagerechten Strich, aus dem sich schließlich unser Minuszeichen entwickelte.

ÜBUNG 131

Welche Zahl gehört in die Klammer?

Zahlenreihe

16   (8)   24

14   (?)   21

ZAHLENGEBUNDENES DENKEN

ÜBUNG 132

Für Zahlenprofis

Zahlengitter

Wie müssen die neun Zahlen, die neben dem Gitter stehen, in das Diagramm eingetragen werden, damit sich in jeder waagerechten und senkrechten Reihe die Zahl 20 ergibt?

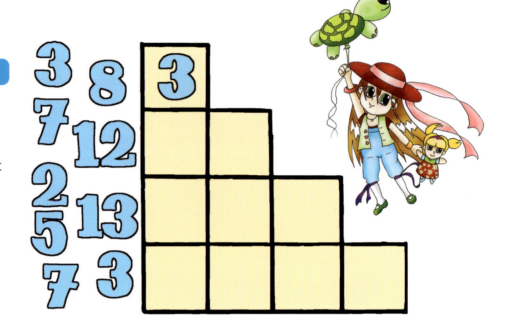

ÜBUNG 133

Aufgepasst!

Zahlenreihe

Welche Zahl folgt als Nächstes in der Reihe?

2   3   5   8   12   17   ___

ÜBUNG 134

Welche Zahl fehlt?

Zahlenrätsel

2	4	8
16	?	64
128	256	512

ÜBUNG 135

Für Sudokuprofis

Sudoku

Löse folgendes Sudoku.

2			8	3		7	4	5
		5	7	6	2	1		
	8		5			3		6
	9			7		6		
5					6			4
6			1			5	7	9
3	1	6	2	8		4		7
7	4	2			3	9		1
9	5		4		7	2	6	

34

ZAHLENGEBUNDENES DENKEN

ÜBUNG 136

Die große Unbekannte

Textaufgabe

Gesucht wird eine Zahl, die zwischen 50 und 75 liegt. Außerdem ist die große Unbekannte ungerade und ein Vielfaches von 7. Wie heißt sie?

ÜBUNG 137

Welche Zahlen fehlen hier?

Zahlenreihe

? 25 20 15 10 5 ?

ÜBUNG 138

Im Raumschiff

Textaufgabe

Drei Astronauten haben in ihrem Raumschiff einen Lebensmittelvorrat, der 32 Tage ausreicht. Wie lange kommen sie aus, wenn noch ein vierter Astronaut an Bord kommt?

ÜBUNG 139

Wie geht's weiter?

Zahlenreihe

Welche Zahl folgt als Nächstes in der Reihe?

29 24 19 14 9 __

ÜBUNG 140

Verabredung

Rechenaufgabe

Marc hat sich heute Abend mit Michelle vor dem Kino verabredet. Er trifft sie eine halbe Stunde später als letzten Donnerstag, an dem er sich zwei Stunden früher mit ihr getroffen hatte als bei ihrem Treffen am Montag. Das fand nämlich drei Stunden später statt als vorletzten Samstag um 17:00 Uhr. Wann trifft sich Marc mit Michelle?

Gauß in jungen Jahren
Im Alter von neun Jahren bekam der kleine Carl Friedrich Gauß (1777–1855) von seinem Lehrer die Aufgabe gestellt, alle Zahlen von 1 bis 100 zu addieren. Der Lehrer wollte seine Ruhe haben und andere Dinge tun. Bereits nach kurzer Zeit präsentierte Gauß ihm das Ergebnis. Er hatte einfach eine Formel entwickelt, mit der er das Ergebnis ermitteln konnte.

ZAHLENGEBUNDENES DENKEN

Lösungen

Lösung 71: 10. Es wird jeweils eine 2 addiert.

Lösung 72: 9 · 24 + 6 = 222 Stunden

Lösung 73:

1	4	2	8	9	7	3	5	6
3	7	5	2	4	6	9	8	1
9	8	6	5	3	1	2	4	7
8	9	1	7	6	4	5	3	2
4	5	7	3	1	2	6	9	8
2	6	3	9	5	8	1	7	4
6	3	8	1	7	5	4	2	9
5	2	4	6	8	9	7	1	3
7	1	9	4	2	3	8	6	5

Lösung 74: 14. Die zweite Zahl ist die erste plus 2, die dritte Zahl die zweite plus 5.

Lösung 75: 7 Zahlen: 6, 15, 24, 33, 42, 51 und 60.

Lösung 76: z. B.

	7	
5		3
1		8
6		4
	2	

Lösung 77: 9 + 99 + 999 = 1107; 1107 − 1000 = 107. Oma Krause wird 107 Jahre alt.

Lösung 78: 4. In der ersten Reihe wird der Abstand von Zahl zu Zahl um 1 höher, in der zweiten Reihe um 1 geringer und in der dritten wieder um 1 höher.

Lösung 79: 5 · 4 + 6 − 3 = 23

Lösung 80: 3, denn es ist die einzige ungerade Zahl.

Lösung 81: 1 + 1 + 1 + 2 + 3 + 3 + 4 + 4 + 5 + 5 + 6 + 7 + 8 = 50

Lösung 82: 7. Jeder der sechs Brüder hat eine Schwester und zwar dieselbe.

Lösung 83: 21, denn du hast es hier mit der Siebenerreihe zu tun.

Lösung 84: 579 + 597 + 759 + 795 + 957 + 975 = 4662

Lösung 85: Hier musst du einfach von hinten nach vorn rechnen, dann wird es ganz einfach: 5 + 15 = 20; 20 · 4 = 80. Die gesuchte Zahl ist also 80.

Lösung 86: 32. Die Zahlen werden jeweils verdoppelt.

Lösung 87: Violett = 8, Gelb = 7, Orange = 14, Blau = 20; Pink = 12

Lösung 88: 6. Alle anderen Zahlen sind durch 4 teilbar.

Lösung 89: 18 Viererblöcke sind so viel wie 72 Einer (18 · 4 = 72). Auch die Sechser- und die Achterblöcke entsprechen jeweils 72 Einern. Nun ist die Antwort einfach: Die Wand wird 72 Einerblöcke breit, wenn sie drei Lagen hoch werden soll.

Lösung 90: 6 Kilogramm Äpfel kosten 7,50 Euro. 1 Kilogramm Äpfel kostet 7,50 Euro : 6 = 1,25 Euro. 9 Kilogramm kosten demzufolge also 11,25 Euro.

Lösung 91: 32, denn du hast es hier mit der Achterreihe zu tun.

Lösung 92: Eine Stunde hat 60 · 60 = 3600 Sekunden.

Lösung 93: 114. Die erste Zahl ist die zweite minus 2.

Lösung 94: Lukas benötigt 1 + 2 + 3 + 4 + 5 + 6 + 7 + 8 + 9 + 10 = 55 Bausteine.

Lösung 95:

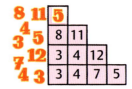

Lösung 96: 4/14. Die obere Reihe wird um je 1 vermindert, die untere um 3 erhöht.

Lösung 97: Bekämen beide gleich viel Geld, hätte jeder 25 Euro. Niklas soll aber einen Euro mehr bekommen, er erhält also 25,50 und Simon entsprechend nur 24,50.

Lösung 98: eine Blumenvase

Lösung 99: Eine Stunde hat 60 Minuten, der Tag 24 Stunden. Leas Herz schlägt am Tag also 72 · 60 · 24 = 103.680 Mal.

Lösung 100: −1. In der ersten Reihe wird 1, in der zweiten 3 und in der dritten Reihe 5 subtrahiert.

Lösung 101:

Lösung 102:

2	4	6	1	5	7	9	8	3
1	5	7	8	3	9	6	2	4
8	3	9	2	4	6	7	1	5
5	6	2	3	1	8	4	9	7
3	7	1	9	8	4	2	5	6
4	9	8	5	6	2	1	3	7
9	1	3	6	4	5	8	7	2
6	8	4	7	2	5	3	9	1
7	2	5	9	1	3	4	6	8

Lösung 103: 10 Kilometer sind 10.000 Meter. 10.000 Meter : 400 Meter = 25. Die Läufer müssen also 25 Runden laufen.

ZAHLENGEBUNDENES DENKEN

Lösung 104: 5. Die Zahlen werden von links oben nach rechts unten durchgezählt.

Lösung 105: 20-mal. 10-mal an jeder Einerstelle und 10-mal an jeder Zehnerstelle.

Lösung 106: Es sind 16 · 16 graue + 11 · 11 rote + 4 · 4 blaue = 393 Punkte insgesamt.

Lösung 107: 57. Alle Zehner sind bereits vorhanden, nur die 5 fehlt hier noch.

Lösung 108: 112 und 7. Man dividiert die Zahlen immer durch 2.

Lösung 109: 7 · 8 · 9 : 2 = 252

Lösung 110: Hier ist es gar nicht nötig zu rechnen. Die 99 passt nicht, denn alle anderen Zahlen sind aus zwei verschiedenen Ziffern zusammengesetzt.

Lösung 111: 60 Briefmarken

Lösung 112: Für 99 Erdumrundungen braucht das Shuttle 99 · 160 = 15.840 Minuten. Ein Tag hat 1440 Minuten. Das Shuttle braucht also 15.840 : 1440 = 11 Tage, um die Erde 160 Mal zu umrunden.

Lösung 113: 39, denn du hast es hier mit der Dreizehnerreihe zu tun.

Lösung 114: Ein Meter sind 10 Dezimeter. 2,60 Meter sind also 26 Dezimeter.

Lösung 115: 5. In der ersten Reihe wird 2, in der zweiten 3 und in der dritten 4 subtrahiert.

Lösung 116: An der Puppe, die ganz rechts im Schaufenster zu sehen ist, siehst du Yasmins Wünsche.

Lösung 117: 1 5 10 10 5 1

Lösung 118: 7 + 1 + 4 + 6 + 1 + 8 + 2 + 3 = 32

Lösung 119: 3. Der Zahlenabstand in jeder Reihe ist gleich: erste Reihe 1, zweite 2, dritte 3.

Lösung 120: Zunächst rechnen wir aus, wie viele Stunden es sind. 1440 : 60 = 24. 24 Stunden sind ein Tag.

Lösung 121: Wenn 2 Schafe 20 Kilogramm fressen, frisst eines 20 Kilogramm : 2 = 10 Kilogramm pro Tag. 12 Schafe verputzen dann 10 · 12 Kilogramm = 120 Kilogramm Gras am Tag.

Lösung 122: ein Nilpferd

Lösung 123: 10 · 60 + 40 = 640 Sekunden

Lösung 124: 5 − 4 + 6 − 3 = 4

Lösung 125: 10. Die Zahlen werden jeweils halbiert.

Lösung 126: um 8 Uhr

Lösung 127: 88

Lösung 128: Die gerundeten Beträge sind: Fleisch 13 Euro, Milch 1 Euro, Obst 5 Euro, Cornflakes 1 Euro, Mineralwasser 3 Euro. Bastian kommt also auf ein Ergebnis von 23 Euro. Es ist also noch genug Geld für ein großes Eis übrig.

Lösung 129: 64, denn alle anderen Zahlen sind Vielfache von 9.

Lösung 130: 21 · 60 + 20 = 1280 Sekunden

Lösung 131: 7. Die linke Zahl ist die Zahl in der Klammer mal 2, die rechte mal 3.

Lösung 132:

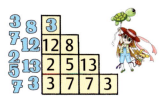

Lösung 133: 23. Das war schon eine harte Nuss. 2 + 1 = 3, 3 + 2 = 5, 5 + 3 = 8, 8 + 4 = 12, 12 + 5 = 17. Die 17 muss nun um 6 erhöht werden.

Lösung 134: 32. Jede Zahl in einer Reihe ist das Doppelte der vorherigen.

Lösung 135:

2	6	9	8	3	1	7	4	5
4	3	5	7	6	2	1	9	8
1	8	7	5	9	4	3	2	6
8	9	4	3	7	5	6	1	2
5	7	1	9	2	6	8	3	4
6	2	3	1	4	8	5	7	9
3	1	6	2	8	9	4	5	7
7	4	2	6	5	3	9	8	1
9	5	8	4	1	7	2	6	3

Lösung 136: 63. Du findest die Zahl, indem du einfach die Vielfachen von 7 suchst, die zwischen 50 und 75 liegen. Das sind 56, 63 und 70. Die einzige ungerade Zahl von diesen ist die 63.

Lösung 137: 30 und 0 (immer minus 5)

Lösung 138: 3 Astronauten können 32 Tage überleben, dann überlebt 1 Astronaut 3 · 32 = 96 Tage. 4 Astronauten haben genug Lebensmittel für 96 : 4 = 24 Tage.

Lösung 139: 4. Es wird jeweils eine 5 subtrahiert.

Lösung 140: 18:30 Uhr

37

RÄUMLICHES DENKEN

Räumliches Denken

Wenn du dich in deiner Umwelt bewegst, kannst du immer verschiedene Richtungen einschlagen – natürlich nur dann, wenn dir gerade nichts im Weg steht.

Du kannst nach links oder rechts, vorn oder hinten, oben oder unten gehen. Man sagt dazu, du bewegst dich in einem dreidimensionalen Raum. Wenn du nun ein Bild malst, fällt eine Ebene – nämlich die von vorn nach hinten – plötzlich weg. Das Bild befindet sich in einem zweidimensionalen Raum. Jetzt machen wir es noch ein bisschen komplizierter. Stell dir nun einmal vor, du malst einen Würfel auf ein Blatt Papier. Ein echter Würfel ist ganz eindeutig auch ein dreidimensionales Objekt. Auf dem Papier hat er aber noch immer nur zwei Dimensionen, es fehlt also eine. Dass du den Würfel trotzdem erkennst, liegt daran,

dass du in deinem Kopf das platte Bild des Würfels in einen richtig schönen Würfel „übersetzt". Dieser Vorgang wird auch als räumliches Denken bezeichnet. Räumliches Denken findet übrigens ständig statt. Wenn du Bücher in dein Bücherregal räumst, wenn du den kürzesten Weg zur Eisdiele suchst oder wenn du beim Fußballspielen das Tor des Monats schießen willst, ohne räumliches Denken würde das nicht klappen.
In diesem Kapitel findest du nun einige Aufgaben, die dir helfen, dein räumliches Denken zu schulen. Diese Aufgaben können manchmal auf den ersten Blick ganz schön knifflig aussehen, aber keine Angst, wenn du das räumliche Denken erst einmal ein wenig geübt hast, werden sie dir keine großen Probleme mehr bereiten.

ÜBUNG 141

Tiere

Würfelspiel

Sowohl die Buchstaben der Würfeloberseiten als auch die der rechten und linken Seiten ergeben richtig geordnet drei Tierarten.

ÜBUNG 142

Der Kreis

Bilderrätsel

Durch welchen Punkt geht der Kreis?

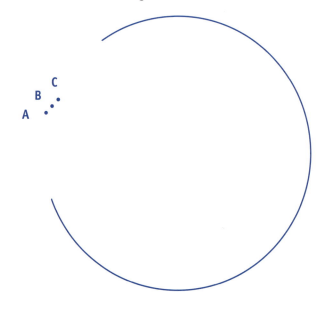

RÄUMLICHES DENKEN

ÜBUNG 143

Farbflächen

Bilderrätsel

Die folgende Fläche ist aus roten und gelben Teilflächen zusammengesetzt. Welche Farbe überwiegt flächenmäßig oder sind die Farben gleich stark verteilt?

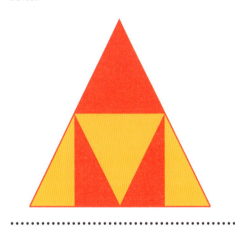

ÜBUNG 144

Welche Figur passt nicht zu den anderen?

Was passt nicht dazu?

A 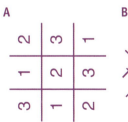   B

C    D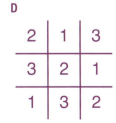

ÜBUNG 145

Neun Dinge sind im unteren Bild anders. Kannst du sie finden?

Vergleichsbild

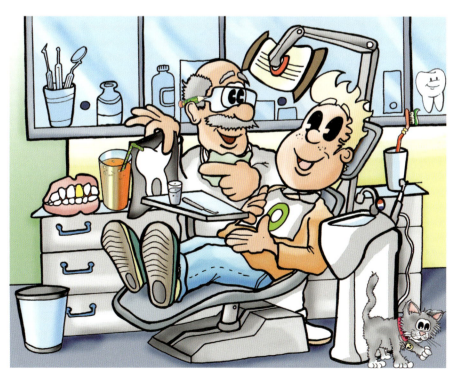

39

RÄUMLICHES DENKEN

ÜBUNG 146

Für Ratefüchse

Würfelspiel

Sowohl die Buchstaben der Würfeloberseiten als auch die rechten und linken Seiten ergeben richtig geordnet drei Staaten. Findest du heraus, welche es sind?

> **Netzplan – was ist das?**
> Stell dir vor, du schneidest einen Würfel an seinen Kanten auf, bis du ihn platt vor dich hinlegen kannst. Die Form, die du dann erhältst, nennt man Netzplan. Umgekehrt kannst du aus einem Netzplan wieder einen Würfel zusammenbasteln. Netzpläne gibt es für alle räumlichen Figuren, also nicht nur für Würfel. In einigen Aufgaben zum räumlichen Denken brauchst du diese besonderen Pläne.

ÜBUNG 147

Farbflächen

Bilderrätsel

Die folgende Fläche ist aus verschiedenen Teilflächen zusammengesetzt. Welche Farbe überwiegt flächenmäßig oder sind die Farben gleich stark verteilt?

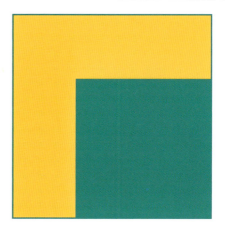

ÜBUNG 148

Welcher Würfel entspricht dem Netzplan?

Netzplan

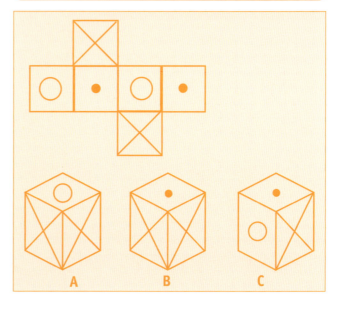

40

RÄUMLICHES DENKEN

ÜBUNG 149

Würfel

Bilderrätsel

Betrachte die Skizze kurz und beantworte dann folgende Frage: Wie viele Flächen der Würfel liegen nicht außen?

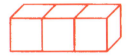

....

ÜBUNG 150

Im rechten Bild haben sich zehn Fehler eingeschlichen. Kannst du sie sehen?

Vergleichsbild

ÜBUNG 151

Welches Auto gehört nicht zu den anderen?

Was passt nicht dazu?

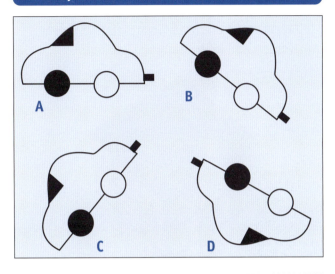

....

41

RÄUMLICHES DENKEN

ÜBUNG 152

Für Würfelexperten!

Bilderrätsel

Sieh dir den folgenden Würfel an. Er ist aus vielen kleinen Würfelchen zusammengesetzt. Wie viele Würfelchen sind hier verarbeitet worden?

ÜBUNG 153

Welche Pyramide entspricht nicht dem Netzplan?

Netzplan

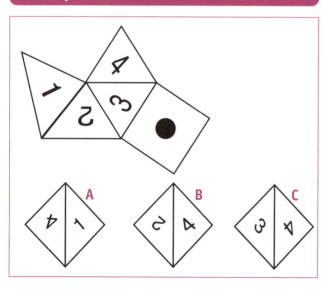

ÜBUNG 154

Welche der drei Linien setzt sich in der linken fort?

Bilderrätsel

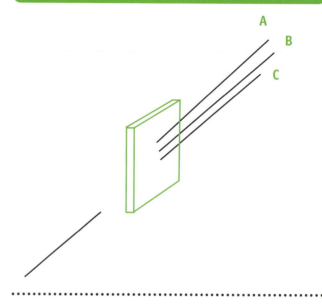

ÜBUNG 155

Farbflächen

Bilderrätsel

Die folgende Fläche ist aus blauen und roten Teilflächen zusammengesetzt. Welche Farbe überwiegt flächenmäßig oder sind die Farben gleich stark verteilt?

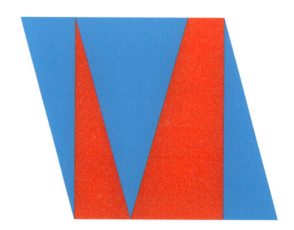

RÄUMLICHES DENKEN

ÜBUNG 156

Welcher Kreis passt nicht dazu?

Was passt nicht dazu?

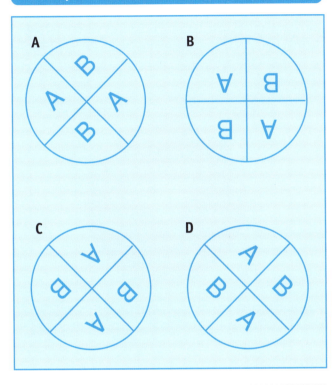

ÜBUNG 157

Welcher Würfel folgt?

Bilderreihe

  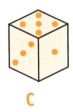

A   B   C

ÜBUNG 158

Welcher Würfel entspricht nicht dem Netzplan?

Netzplan

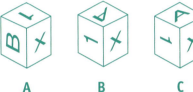

A   B   C   D

ÜBUNG 159

Wasserlebewesen

Würfelspiel

Sowohl die Buchstaben der Würfeloberseiten als auch die der rechten und linken Seiten ergeben richtig geordnet drei Wasserlebewesen.

43

RÄUMLICHES DENKEN

ÜBUNG 160

Finde heraus, welcher Würfel dem Netzplan entspricht.

Netzplan

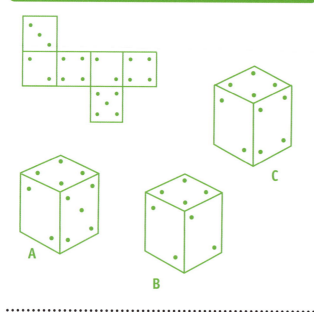

ÜBUNG 161

Blumen

Würfelspiel

Sowohl die Buchstaben der Würfeloberseiten als auch die der rechten und linken Seiten ergeben richtig geordnet drei Blumensorten.

ÜBUNG 162

Sieh genau hin!

Bilderrätsel

Die folgende Fläche ist wiederum aus verschiedenen Teilflächen zusammengesetzt. Welche Farbe überwiegt flächenmäßig oder sind die Farben gleich stark verteilt?

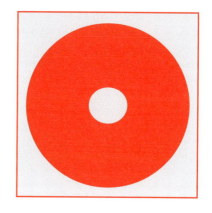

ÜBUNG 163

Schau ganz genau hin!

Was passt nicht dazu?

Welche Figur passt nicht zu den anderen und warum?

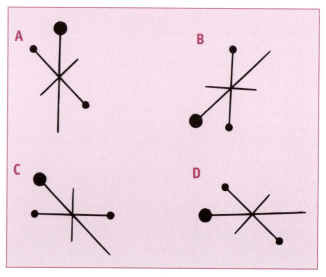

44

RÄUMLICHES DENKEN

ÜBUNG 164

Zehn Dinge sind im rechten Bild anders. Wer kann sie entdecken?

Vergleichsbild

ÜBUNG 165

Linien

Bilderrätsel

Nur eine der sechs Linien geht durch einen der beiden Punkte. Versuche, ohne Lineal oder Ähnliches, nur mit dem bloßen Auge herauszufinden, welche.

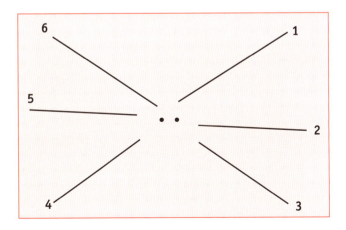

ÜBUNG 166

Welcher Würfel entspricht dem Netzplan?

Netzplan

	1			
2	3	4	5	
			6	

A   B   C

45

RÄUMLICHES DENKEN

ÜBUNG 167

Welches Gesicht passt nicht dazu?

Was passt nicht dazu?

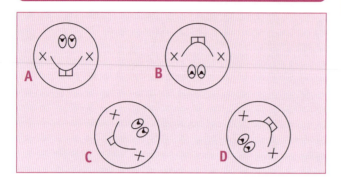

Tipp
Wenn du es bei den Aufgaben mit Würfeln zu tun bekommst, sieh dir ruhig einmal echte Würfel aus deiner Spielesammlung an. Manchmal können sie dazu beitragen, dass du dir die Aufgabe besser vorstellen kannst. Du solltest es aber zunächst ohne Hilfsmittel versuchen, das macht nämlich mehr Spaß.

ÜBUNG 168

Pyramiden

Bilderrätsel

Betrachte die folgende Skizze eines Würfels mit sich kreuzenden Raumdiagonalen. Wie viele Pyramiden enthält dieser Würfel?

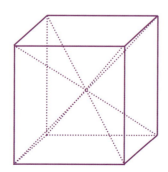

ÜBUNG 169

Weißt du, welcher Quader nicht dem folgenden Netzplan entspricht?

Netzplan

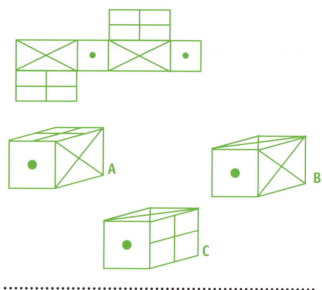

ÜBUNG 170

Alle Vögel sind schon da …

Würfelspiel

Sowohl die Buchstaben der Würfeloberseite als auch die der rechten und linken Seite ergeben richtig geordnet drei Vogelarten.

46

RÄUMLICHES DENKEN

ÜBUNG 171

Farbflächen

Bilderrätsel

Die folgende Fläche ist aus orangefarbenen und violetten Teilflächen zusammengesetzt. Welche Farbe überwiegt flächenmäßig oder sind die Farben gleich stark verteilt?

....

ÜBUNG 172

Welcher Würfel lässt sich aus folgendem Netzplan zusammenbauen?

Netzplan

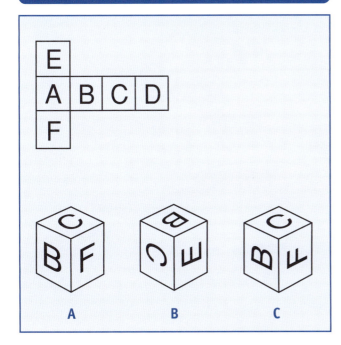

ÜBUNG 173

Die Schnecke

Textaufgabe

Stell dir einen Würfel vor, auf dessen Kanten eine Schnecke entlangkriecht. Sie kann nach vorn, hinten, oben, unten, links oder rechts kriechen – je nachdem, wo sie sich gerade befindet. Unsere Schnecke sitzt nun an der Ecke vorn oben rechts. Sie krabbelt (von vorn aus gesehen) nach links, nach unten, nach hinten und dann nach rechts. Wo sitzt sie nun?

....

ÜBUNG 174

Welche der folgenden Figuren passt nicht in die Reihe?

Was passt nicht dazu?

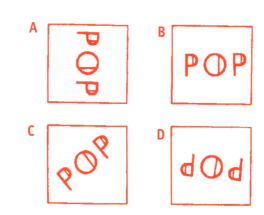

RÄUMLICHES DENKEN

ÜBUNG 175

Welcher Würfel entspricht dem Netzplan?

Netzplan

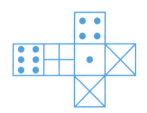

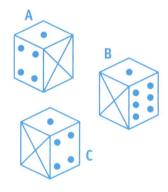

....

ÜBUNG 176

Siehst du die Lösung?

Bilderrätsel

Durch welchen der Punkte würde der Kreis führen, wenn er fertig gezeichnet wäre?

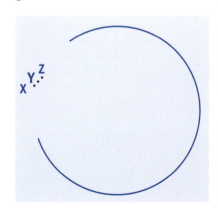

ÜBUNG 177

Im unteren Bild haben sich zehn Fehler eingeschlichen. Wer kann sie entdecken?

Vergleichsbild

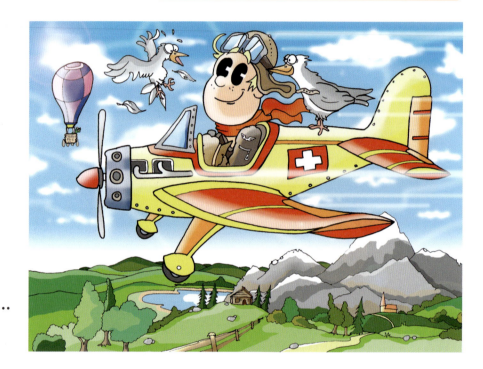

RÄUMLICHES DENKEN

ÜBUNG 178

Welcher Würfel folgt?

Bilderreihe

ÜBUNG 179

Würfel

Bilderrätsel

Betrachte die Skizze kurz und beantworte dann folgende Frage: Wie viele Flächen der Würfel liegen nicht außen?

ÜBUNG 180

Welche der folgenden Figuren passt nicht in die Reihe?

Was passt nicht dazu?

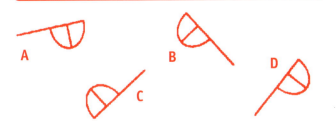

ÜBUNG 181

Welche Pyramide entspricht nicht dem Netzplan?

Netzplan

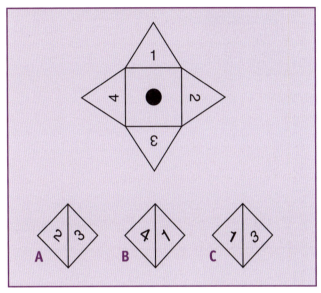

ÜBUNG 182

Welche Figur passt nicht dazu?

Was passt nicht dazu?

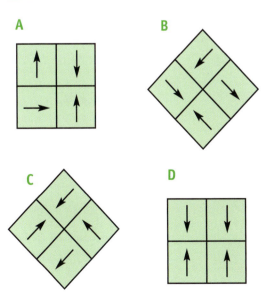

49

RÄUMLICHES DENKEN

ÜBUNG 183

Augenmaß

Bilderrätsel

Nur eine der sechs Linien geht durch einen der beiden Punkte. Welche?

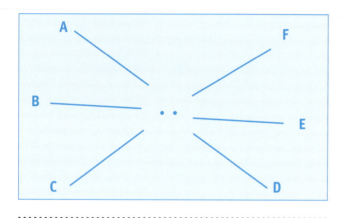

ÜBUNG 185

Hier kocht der Chef!

Würfelspiel

Sowohl die Buchstaben der Würfeloberseiten als auch die rechten und linken Seiten ergeben richtig geordnet drei Lebensmittel.

ÜBUNG 184

Würfelproblem

Würfelspiel

Der Rätseldrache Jonas hat ein kleines Würfelproblem. Er weiß nicht, welche Faltvorlage zum abgebildeten Würfel passt. Kannst du ihm helfen?

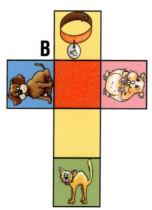

50

RÄUMLICHES DENKEN

ÜBUNG 186

Welcher Quader entspricht nicht dem Netzplan?

Netzplan

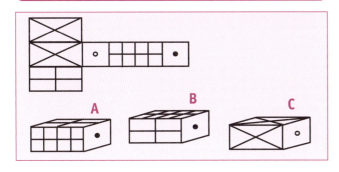

ÜBUNG 187

Welcher Würfel folgt? Wie viele Punkte hat ein Spielwürfel insgesamt?

Bilderreihe

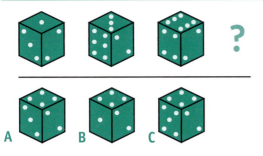

ÜBUNG 188

Welche Figur passt nicht dazu?

Was passt nicht dazu?

A   B   C   D

ÜBUNG 189

Für Schlaumeier!

Bilderrätsel

Erik malt den Würfel auf dem Bild von außen rot an. Nun zerlegt er ihn in seine einzelnen Würfelchen. Er erhält dann Würfelchen mit drei roten Flächen, mit zwei roten Flächen, mit einer roten Fläche und solche, die ganz schwarz geblieben sind. Wie viele Würfel von jeder Art gibt es?

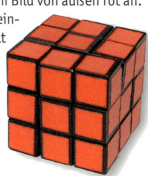

Anzahl der farbigen Flächen	3	2	1	0
Anzahl der Würfelchen				

ÜBUNG 190

Farbflächen

Bilderrätsel

Die folgende Fläche ist aus blauen und gelben Teilflächen zusammengesetzt. Welche Farbe überwiegt flächenmäßig oder sind die Farben gleich stark verteilt?

51

RÄUMLICHES DENKEN

ÜBUNG 191

Was meinst du?

Bilderrätsel

Die folgende Fläche ist aus verschiedenen Teilflächen zusammengesetzt. Welche Farbe überwiegt flächenmäßig oder sind die Farben gleich stark verteilt?

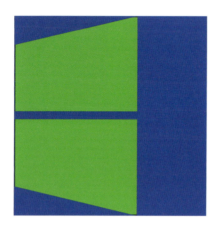

ÜBUNG 193

Welches Quadrat passt nicht dazu?

Was passt nicht dazu?

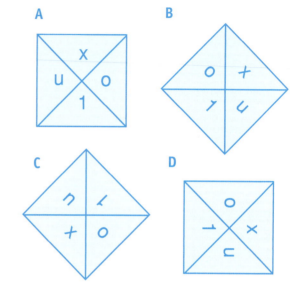

ÜBUNG 192

Im rechten Bild haben sich zehn Fehler eingeschlichen. Kannst du sie finden?

Vergleichsbild

RÄUMLICHES DENKEN

ÜBUNG 194

Farbflächen

Bilderrätsel

Die folgende Fläche ist aus verschiedenen Teilflächen zusammengesetzt. Welche Farbe überwiegt flächenmäßig oder sind die Farben gleich stark verteilt?

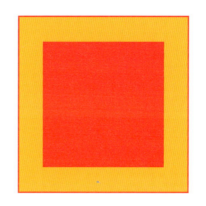

ÜBUNG 195

Kommst du auf die Lösung?

Netzplan

Auf diesem Bild siehst du den Netzplan eines Würfels. Einen solchen Plan hast du bestimmt schon ein paar Mal gesehen. Aber es gibt noch zehn andere Netzpläne, aus denen du einen Würfel basteln kannst. Überlege einmal und zeichne zwei von diesen Plänen auf.

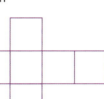

ÜBUNG 196

Welche Symbolgruppe gehört nicht dazu?

Was passt nicht dazu?

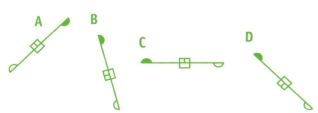

ÜBUNG 197

Welcher Würfel folgt?

Bilderrätsel

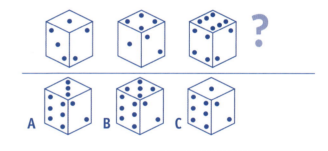

ÜBUNG 198

Welcher Quader entspricht nicht dem Netzplan?

Netzplan

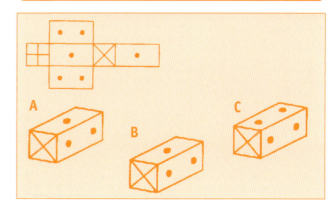

53

RÄUMLICHES DENKEN

ÜBUNG 199

Nichts für Mauerblümchen

Würfelspiel

Sowohl die Buchstaben der Würfeloberseiten als auch die rechten und linken Seiten ergeben richtig geordnet drei Blumen.

ÜBUNG 200

Alles klar?

Bilderrätsel

Welche Würfelabbildung stammt nicht vom selben Würfel wie die anderen drei?

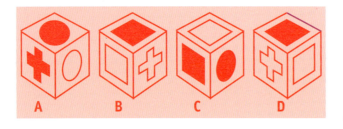

ÜBUNG 202

Welcher Fernseher gehört nicht dazu?

Was passt nicht dazu?

A   B

C   D

ÜBUNG 201

Welche Symbolgruppe gehört nicht dazu?

Was passt nicht dazu?

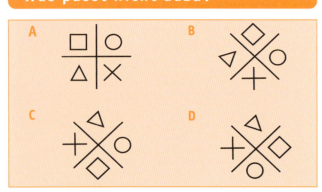

ÜBUNG 203

Welche der drei Linien würde die einzelne Linie treffen?

Bilderrätsel

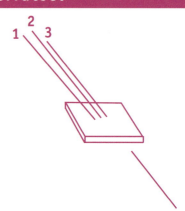

54

RÄUMLICHES DENKEN

ÜBUNG 204

Welche der folgenden Figuren passt nicht dazu?

Was passt nicht dazu?

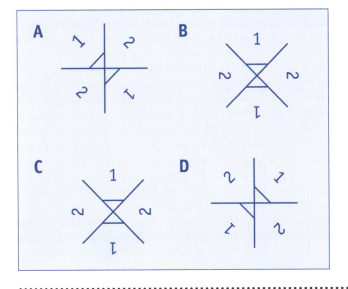

ÜBUNG 205

Welcher Würfel entspricht dem Netzplan?

Netzplan

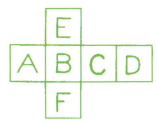

A

B

C

ÜBUNG 206

Im rechten Bild haben sich zehn Fehler eingeschlichen. Wo stecken sie?

Vergleichsbild

55

RÄUMLICHES DENKEN

ÜBUNG 207

Der große Würfel

Bilderrätsel

Betrachte folgenden großen Würfel, der aus acht gleich großen, kleineren Würfeln zusammengesetzt ist. Wie viele Quadrate liegen nicht an der Außenseite?

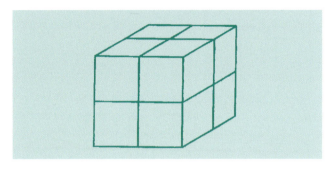

ÜBUNG 208

Welches Kreuz passt nicht dazu?

Was passt nicht dazu?

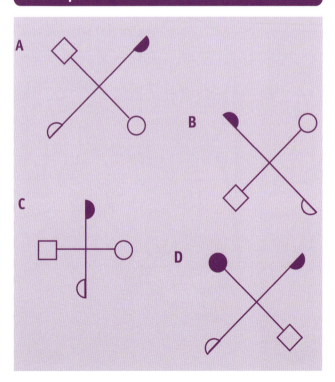

ÜBUNG 209

Für Tierliebhaber

Würfelspiel

Sowohl die Buchstaben der Würfeloberseiten als auch die der rechten und linken Seiten ergeben richtig geordnet drei Tierarten.

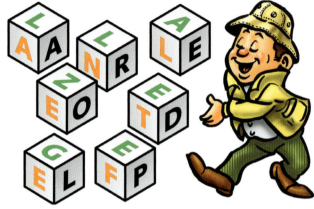

ÜBUNG 210

Finde heraus, welche Pyramide nicht dem Netzplan entspricht.

Netzplan

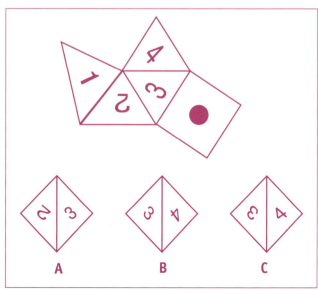

56

RÄUMLICHES DENKEN

Lösungen

Lösung 141: oben: Antilope, links: Krokodil, rechts: Flamingo

Lösung 142: B

Lösung 143: Rot und Gelb sind gleich stark verteilt.

Lösung 144: A. Die Reihenfolge ist von links nach rechts vertauscht.

Lösung 145:

Lösung 146: oben: Schweiz, links: Spanien, rechts: Marokko

Lösung 147: Blau und Gelb sind gleich stark verteilt.

Lösung 148: C

Lösung 149: 4

Lösung 150:

Lösung 151: D. Der hintere Reifen ist schwarz.

Lösung 152: Um einen solchen Würfel zu bauen, benötigt man 27 (3 · 9) kleine Würfelchen.

Lösung 153: B

Lösung 154: C

Lösung 155: Blau überwiegt.

Lösung 156: C. A und B sind vertauscht.

Lösung 157: C. Drehung nach links hinten.

Lösung 158: B

Lösung 159: oben: Muschel, links: Makrele, rechts: Sardine

Lösung 160: A

Lösung 161: oben: Veilchen, links: Narzisse, rechts: Orchidee

Lösung 162: Grau überwiegt.

Lösung 163: D ist ein Spiegelbild der anderen drei.

Lösung 164:

Lösung 165: 6

Lösung 166: A

Lösung 167: C. Die Figur hat nur einen Vorderzahn, alle anderen haben zwei.

Lösung 168: 6. Jede Seite des Würfels ist die Grundfläche einer Pyramide.

Lösung 169: B

Lösung 170: oben: Schwalbe, links: Sperling, rechts: Grünfink

Lösung 171: Violett überwiegt.

Lösung 172: B

Lösung 173: hinten unten rechts

Lösung 174: D. Hier ist der Längsstrich im O auf der falschen Seite.

Lösung 175: C

Lösung 176: Y

RÄUMLICHES DENKEN

Lösung 177:

Lösung 178: B. Der Würfel wird nach rechts gedreht.

Lösung 179: 4

Lösung 180: B. Diese Figur ist das Spiegelbild der anderen drei.

Lösung 181: C

Lösung 182: D

Lösung 183: F

Lösung 184: Faltvorlage D

Lösung 185: oben: Bratwurst, links: Spiegelei, rechts: Kartoffel

Lösung 186: A

Lösung 187: B. Drehung nach rechts hinten. Ein Würfel hat 21 Punkte. (6 + 5 + 4 + 3 + 2 + 1).

Lösung 188: C. Die karierte und die gestreifte Kugel sind vertauscht.

Lösung 189:

Anzahl der farbigen Flächen	3	2	1	0
Anzahl der Würfelchen	8	12	6	1

Lösung 190: Gelb überwiegt.

Lösung 191: Grün überwiegt.

Lösung 192:

Lösung 193: A. U und O sind vertauscht.

Lösung 194: Rot und Gelb sind gleich stark verteilt.

Lösung 195: Hier siehst du alle Möglichkeiten. Sind deine dabei?

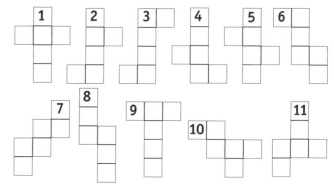

Lösung 196: C. Der Strich in dem Quadrat weist in die andere Richtung.

Lösung 197: A. Drehung nach links vorn.

Lösung 198: C

Lösung 199: oben: Narzisse, links: Orchidee, rechts: Edelweiß

Lösung 200: D

Lösung 201: C. Der Kreis und das Quadrat sind vertauscht.

Lösung 202: C. Die Punkte über und unter dem Senderlogo sind vertauscht.

Lösung 203: 3

Lösung 204: D. Eine 2 steht verkehrt.

Lösung 205: A

Lösung 206:

Lösung 207: 24. Von jedem sechsseitigen Würfel liegen drei Flächen innen und drei Flächen außen.

Lösung 208: D. Kreis und Quadrat sind vertauscht.

Lösung 209: oben: Gazelle, links: Elefant, rechts: Leopard

Lösung 210: C

SPRACHGEBUNDENES DENKEN

Sprachgebundenes Denken

Stell dir einmal vor, wie unsere Welt ohne Sprache aussähe. Du könntest dich nicht mal eben mit deinen Freunden verabreden und du könntest auch niemandem mitteilen, ob du dich freust, dich ärgerst oder ob du traurig bist.

E-Mails gäbe es genauso wenig wie Fernsehen oder Computer (denn die funktionieren auch nur mit speziellen Computersprachen). Auch Bücher und Geschichten gäbe es nicht. Wenn du ganz ehrlich bist, wäre dein Leben ohne Sprache ziemlich öde und langweilig – und auch manchmal ganz schön kompliziert. Es ist wichtig, seine eigene Sprache immer weiter zu trainieren. Wenn du dich mit ihr beschäftigst, wirst du feststellen, dass Sprache auch ganz viel mit Logik zu tun hat. Jede Sprache ist nämlich ganz logisch aufgebaut und wenn du die Logik einer Sprache verstanden hast, ist es gar nicht mehr schwer, die Sprache zu erlernen. Und irgendwie kommt auch wieder die Mathematik ins Spiel. Wenn du mit der Sprache spielst, Buchstaben vertauschst oder fehlende Wörter suchst, machst du Dinge, die auch in der Mathematik vorkommen.

Genau solche Sprachspiele wollen wir nun mit dir spielen. Da gilt es, seltsame Wörter zu entschlüsseln, Zusammenhänge herzustellen oder fehlende Wörter zu finden. So kannst du dein Gefühl für die Sprache verbessern und dabei noch eine Menge Spaß haben.

ÜBUNG 211

Für Sprachexperten

Oberbegriff suchen

Fasse die folgenden Begriffe zu einem Oberbegriff zusammen. Beispiel: Uranus – Neptun: Planeten

Hammer – Bohrer

ÜBUNG 212

Welches Wort gehört in die Klammer?

Worträtsel

(eine Spielkarte) + el = Tier

ÜBUNG 213

Für Schatzsucher

Buchstabensalat

In diesem Alphabet fehlen vier Buchstaben. Finde sie und bringe sie in die richtige Reihenfolge, dann erfährst du, was sich in der geheimnisvollen Truhe befindet.

59

SPRACHGEBUNDENES DENKEN

ÜBUNG 214

Was fehlt hier?

Buchstabensuche

Welche Buchstaben fehlen, damit sich, die linken Buchstaben vorangestellt, jeweils sinnvolle Wörter ergeben?

W –
SP –
D –   (...N)
R –
BR –
T –

ÜBUNG 215

Welches Wort gehört in die Klammer?

Worträtsel

(Ein Wassertier) + D = Naturgebiet

ÜBUNG 216

Spannend!

Buchstabendreher

Wer hat den folgenden Gegenstand meistens bei sich? Du musst zunächst die Buchstaben in die richtige Reihenfolge bringen. Finde dann heraus, wer diesen Gegenstand für seinen Beruf benötigt.

UPEL

- [ ] A Detektiv
- [ ] B Schornsteinfeger
- [ ] C Taxifahrer

ÜBUNG 217

Für Rätselfreaks

Bilderkreuzworträtsel

60

SPRACHGEBUNDENES DENKEN

ÜBUNG 218

In diesem Buchstabensalat haben sich senkrecht, waagrecht und diagonal neun Gegenstände versteckt, die außerhalb abgebildet sind. Findest du sie?

Buchstabensalat

```
B B L O E F F E L N N M Y E Y L C
O E E N Z F G O W B L S G R J Q R
F M C V E F E X K A S E M E J C T
K S C H I R M C H E N R I T U L H
W E N D E X E K J J J V C E R E H
G E O W H R N E M A U I C U X F G
O V P G H I Y E B B J E G T T F E
S L V P R E U M J D I T P S Z A K
H L M T O Z I G I S R T C I D W N
P B P P O R T I O N I E R E R G Q
```

ÜBUNG 219

Wie geht das folgende Sprichwort weiter?

Textergänzung

Wer den Schaden hat, ...

A ... braucht für den Schrott nicht zu sorgen.

B ... hat auch die Qual.

C ... braucht für den Spatz nicht zu sorgen.

D ... braucht für den Spott nicht zu sorgen.

ÜBUNG 220

Und los geht's!

Was passt nicht dazu?

Finde das Wort, das nicht in die Gruppe gehört. Beispiel: Eiche, Aster, Steinbock, Schilfgras; Lösung: Steinbock muss gestrichen werden, weil er ein Tier und keine Pflanze ist.

Stuhl, Tisch, Rose, Bank

Die häufigsten Buchstaben
Der häufigste Buchstabe im Deutschen ist das E. Am zweithäufigsten verwenden wir nicht das A, sondern einen Konsonanten, nämlich das N. Am seltensten kommt bei uns der Buchstabe Q vor.

61

SPRACHGEBUNDENES DENKEN

ÜBUNG 221

Kommst du auf die Lösung?

Was passt nicht dazu?

Finde das Wort, das nicht in die Gruppe gehört. Beispiel: Eiche, Aster, Steinbock, Schilfgras; Lösung: Steinbock muss gestrichen werden, weil er ein Tier und keine Pflanze ist.

Rad, Auto, Benzin, Sessel

....

ÜBUNG 222

Wie heißt es richtig?

Wörtersuche

Die Flucht ...
A ... einleiten
B ... begehen
C ... ergreifen
D ... verrichten

....

ÜBUNG 223

Siehst du die Lösung?

Das gehört zusammen

Welche der Wörter der unteren Zeile stehen mit dem darüberstehenden Wort in einem Zusammenhang?

Puppe
Kleid, Spiel, Kind, Gold

ÜBUNG 224

Im folgenden Text haben sich einige bestimmte Zahlwörter versteckt. Finde und unterstreiche sie.

Textanalyse

Im Siebengebirge war es einst um Mitternacht nicht geheuer. In den vielen Spukschlössern bewachten Gespenster fünfeckige Kisten mit beachtlichen Schätzen. Besonders die gefährlichen Neunaugen sorgten für Angst und Schrecken. Eines Tages aber schlich ein prachtvoller Held in das größte Schloss, öffnete in einem unbewachten Moment das Schloss einer Schatzkiste und vierteilte das Neunauge mit seinem Dreizack. Der Spuk war plötzlich vorbei. Doch dann hörte  der Held hinter der Tür eine leise Stimme: „Kannst du mir helfen? Ich bin so einsam!" Er brach die Tür auf und vor ihm stand eine wunderschöne Prinzessin. Sie trug das feinste Gewand, das er je gesehen hatte, und er verliebte sich sofort unsterblich in die Holde. Kaum drei Monate später feierten sie Hochzeit und lebten glücklich bis an ihr Lebensende.

....

ÜBUNG 225

Worum handelt es sich hierbei?

Buchstabendreher

Bringe zunächst die Buchstaben in die richtige Reihenfolge und ordne die Lösung dann richtig zu.

HEINR

❑ A Fluss
❑ B Straße
❑ C Berg

62

SPRACHGEBUNDENES DENKEN

ÜBUNG 226

Durcheinander

Buchstabendreher

Bei den folgenden Wörtern sind die Buchstaben gehörig durcheinandergeraten. Kannst du sie wieder in die richtige Reihenfolge bringen?

MUMPELPASE

UELSCH

AKOKA

ÜBUNG 227

Was gehört in die Klammer?

Worträtsel

(ein Getränk) + R = Straßenbaumaterial

ÜBUNG 228

Wie heißt die Burg?

Buchstabensalat

Um den Namen der hier gesuchten Burg zu finden, müssen alle Bildausschnitte durchgestrichen werden, die nicht im Bild zu finden sind. Aber Vorsicht! Nur die Buchstaben der elf richtigen Ausschnitte ergeben, der Reihe nach gelesen, den Namen der Burg.

ÜBUNG 229

Doppelt gemoppelt

Wörtersuche

In die Klammer gehört ein Wort, das sowohl an das linke Wort angehängt werden kann als auch vor dem rechten Wort stehen kann. Dabei müssen sich natürlich immer wieder sinnvolle neue Wörter ergeben.

Rück (__ __ __ __) Schuh

ÜBUNG 230

Kommst du auf die Lösung?

Was passt nicht dazu?

Finde das Wort, das nicht in die Gruppe gehört. Beispiel: Eiche, Aster, Steinbock, Schilfgras; Lösung: Steinbock muss gestrichen werden, weil er ein Tier und keine Pflanze ist.

Wald, Förster, Reh, Korn

SPRACHGEBUNDENES DENKEN

ÜBUNG 231

Geheime Botschaft

Sprachlogik

Max hat eine wichtige Nachricht von seiner Freundin bekommen. Doch es ist ihm ein Unglück passiert, bevor er den Zettel lesen konnte. Ihm ist Tinte über das Blatt gelaufen. Sie hat alle doppelten Buchstaben in der Nachricht verschmiert. Kannst du ihm helfen, den Text zu entziffern?

Ko bi e schne zur alten Ste e! Du findest den Schlü el für die kleine Hü e unter der Fußma e. Bring auch dein Schwi zeug mit.

ÜBUNG 233

Wie heißt es richtig?

Wörtersuche

Wer nicht genug zu essen hat, nagt am …

A … Hungertuch

B … Bettlaken

C … Tischtuch

D … Fingernagel

ÜBUNG 232

In diesem Buchstabensalat haben sich senkrecht, waagrecht und diagonal zehn Gegenstände versteckt, die außerhalb abgebildet sind. Findest du sie?

Buchstabensalat

```
K T R A T T E J R Y J G L C I P Q
S G D S B N D I E U L L E T U E B
J V S P N M R I P P P P D I U K E
R K R I S T A L L K U G E L C S S
N G P T C Z K B G O O L A T X L E
F S Z A U B E R S T A B H S E V N
F R X Q T I K S B J N E C S M L M
H C U B R E B U A Z X N S I P E U
J D J I U H Y E U E E E Z I W Z V
V M I Z U J T G A U K O G T G W W
```

64

SPRACHGEBUNDENES DENKEN

ÜBUNG 234

Knobeln macht Spaß!

Bilderkreuzworträtsel

ÜBUNG 236

Wer wohnt hier?

Buchstabendreher

Wer wohnt in der folgenden Behausung? Bringe zunächst die Buchstaben in die richtige Reihenfolge. Ordne dann die Lösung richtig zu.

VEGOLHUAS

- ☐ A Fischer
- ☐ B Vögel
- ☐ C Käfer

ÜBUNG 237

Was fehlt hier?

Buchstabensuche

Welche Buchstaben fehlen, damit sich, die linken Buchstaben vorangestellt, jeweils sinnvolle Wörter ergeben?

K –
SUS –
W –   (... E)
P –
T –

ÜBUNG 235

Computervirus

Sprachlogik

Ein Computervirus hat in Lisas E-Mail sämtliche Vokale gelöscht. Was hat sie Anna geschrieben?

L b nn !
W s s ll ch m tbr ngen, w nn ch
d ch b s ch ?
D n L s

SPRACHGEBUNDENES DENKEN

ÜBUNG 238

Für Rätselprofis

Buchstabensalat

Welche Begriffe sind hier zeichnerisch dargestellt? Die Zahl unter dem Bild gibt an, welcher Buchstabe des erratenen Begriffes in das Kästchen eingetragen werden muss. Am Schluss lässt sich das Lösungswort ablesen.

ÜBUNG 239

Wie geht das folgende Sprichwort weiter?

Textergänzung

Aller Anfang ...
A ... ist leicht.
B ... ist schwer.
C ... ist ungesund.
D ... macht Spaß.

ÜBUNG 240

Was ist das?

Buchstabendreher

Worum handelt es sich hier? Wenn du die Buchstaben in die richtige Reihenfolge gebracht hast, kannst du die Frage schnell beantworten.

GRUHMAB

❏ A Fluss
❏ B Land
❏ C Stadt

ÜBUNG 241

Kommst du drauf?

Wörtersuche

In die Klammer gehört ein Wort, das sowohl an das obere Wort angehängt werden kann als auch vor dem unteren Wort stehen kann. Dabei müssen sich natürlich immer wieder sinnvolle neue Wörter ergeben.

Enkel
(_ _ _ _ _)
Garten

ÜBUNG 242

Kommst du drauf?

Das gehört zusammen

Welche der Wörter der unteren Zeile stehen mit dem darüberstehenden Wort in einem Zusammenhang?

Baum
Wiese, Wurzel, Boden, Strahl

SPRACHGEBUNDENES DENKEN

ÜBUNG 243

Der Weihnachtsbaum

Buchstabendreher

Es wird Zeit, den Weihnachtsbaum zu schmücken. Aber, oh Schreck, als du die Kiste mit dem Weihnachtsbaumschmuck öffnest, bemerkst du, dass alles durcheinandergeraten ist. Sortiere die Buchstaben neu und du weißt, was sich in der Kiste befindet.

ZNREEK   GUNLEK   TALTAME

ÜBUNG 244

Für Sprachexperten

Buchstabensuche

Welche zwei Buchstaben fehlen, damit sich, die linken Buchstaben vorangestellt, jeweils sinnvolle Wörter ergeben?

B –
L –
FL –
GR –   (...)
S –
T –

ÜBUNG 245

Kannst du zu den folgenden Wörtern Reimwörter finden?

Reime

Hose   Baum   Dach

ÜBUNG 246

Wie geht dieses Sprichwort weiter?

Textergänzung

Wer anderen eine Grube gräbt, ...
A ... hat Gold im Mund.
B ... fällt selbst hinein.
C ... hat kürzere Beine.
D ... ist Bauarbeiter.

ÜBUNG 247

Wie lautet die Lösung?

Buchstabensalat

Am „Start"-Tor geht es los. Um das Lösungswort zu erhalten, müssen die Buchstaben auf dem Weg zum Ziel in die richtige Reihenfolge gebracht werden.

67

SPRACHGEBUNDENES DENKEN

Was ist ein Palindrom?
Ein Palindrom ist kein seltenes Tier, sondern ein Wort oder ein Text, der vorwärts und rückwärts gelesen gleich ist. *Otto* zum Beispiel oder *Anna* sind ganz einfache Palindrome. Ein längeres Palindrom ist *Ein Neger mit Gazelle zagt im Regen nie*. Fallen dir noch andere Beispiele ein?

ÜBUNG 249

Wie lautet das folgende Sprichwort?

Textergänzung

Stille Wasser sind ...
A ... seicht.
B ... kohlensäurelos.
C ... tief.
D ... ungesund.

ÜBUNG 248

Kannst du das Rätsel lösen?

Bilderkreuzworträtsel

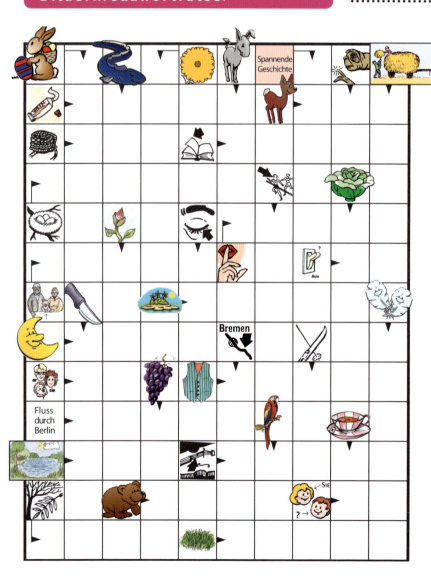

ÜBUNG 250

Lustiges Beruferaten

Buchstabensalat

Zwei Handwerker sind Nachbarn. Der linke zeigt seinen Beruf mit plastischen Buchstaben an, der rechte mit flachen. Der Sturm hat beide Schilder beschädigt. Die meisten Buchstaben liegen auf der Straße. Welches Handwerk übt der linke, welches der rechte aus?

68

SPRACHGEBUNDENES DENKEN

ÜBUNG 251

Freche Früchtchen

Buchstabendreher

Freche Früchtchen haben ihre Namen so weit verändert, dass man sie kaum noch erkennen kann. Sortiere die Buchstaben neu und du erhältst wieder die richtigen Namen.

**LEPFÄ   RAUBENT
IRSCHENK**

ÜBUNG 252

Für Profis

Was passt nicht dazu?

Finde das Wort, das nicht in die Gruppe gehört. Beispiel: Eiche, Aster, Steinbock, Schilfgras; Lösung: Steinbock muss gestrichen werden, weil er ein Tier und keine Pflanze ist.

Kilo, schwer, Gramm, hoch

ÜBUNG 253

Ergänze das Sprichwort.

Textergänzung

Ehrlich währt ...
A ... am breitesten.
B ... nicht lang.
C ... am längsten.
D ... nur einen Sommer.

ÜBUNG 254

Was ist das?

Buchstabendreher

Aus welchem Material besteht der folgende Gegenstand? Bringe zunächst die Buchstaben in die richtige Reihenfolge. Ordne dann die Lösung zu.

EIZTUNG

❏ A Glas
❏ B Papier
❏ C Stein

ÜBUNG 255

Kommst du drauf?

Oberbegriff suchen

Fasse die folgenden Begriffe zu einem Oberbegriff zusammen. Beispiel: Uranus – Neptun: Planeten

Motorrad – Fahrrad

ÜBUNG 256

Doppelt hält besser

Wörtersuche

In die Klammer gehört ein Wort, das sowohl an das obere Wort angehängt werden kann als auch vor dem unteren Wort stehen kann. Dabei müssen sich natürlich immer wieder sinnvolle neue Wörter ergeben.

**Kartoffel
(_ _ _ _ _)
Gurke**

69

SPRACHGEBUNDENES DENKEN

Die meistgesprochene Muttersprache
Chinesisch ist die Sprache, die von den meisten Menschen auf der Welt – nämlich fast einer Milliarde – gesprochen wird. An zweiter Stelle folgt Spanisch und knapp dahinter Englisch.

ÜBUNG 257

In diesem Buchstabensalat haben sich senkrecht, waagrecht und diagonal neun Gegenstände versteckt, die darunter abgebildet sind. Findest du sie?

Buchstabensalat

```
N Z N R E T S N E G R O M X T B Q
B K E B F S L R D U C C H L G U V
N V O T E R A X T B Z Z U U Z Q C
F C C O R A R U T R H P D T G X B
R W W X I E Z M R S A L H K M L K
H P K R T H W W H T I N D U Z A Q
Y A F F T L J H A H I V C N B N X
N C N H E Q E K C E U R B G U Z I
N T F I R V Y S F S X X U D R E T
U R U B G R O Q C P V D B S G B Y
```

ÜBUNG 258

Lege die Puzzleteile passend ineinander und es ergibt sich das Lösungswort.

Buchstabensalat

ÜBUNG 259

Alles verstanden?

Oberbegriff suchen

Fasse die folgenden Begriffe zu einem Oberbegriff zusammen. Beispiel: Uranus – Neptun: Planeten

Ring – Brosche

ÜBUNG 260

Doppelt gemoppelt

Wörtersuche

In die Klammer gehört ein Wort, das sowohl an das linke Wort angehängt werden kann als auch vor dem rechten Wort stehen kann. Dabei müssen sich natürlich immer wieder sinnvolle neue Wörter ergeben.

Fuß (_ _ _ _) Junge

SPRACHGEBUNDENES DENKEN

ÜBUNG 261

Wie geht dieses Sprichwort weiter?

Textergänzung

Der Apfel fällt nicht weit …
A … vom Stamm.
B … von der Birne.
C … vom Mus.
D … in die Pfütze.

ÜBUNG 262

Kommst du drauf?

Wörtersuche

In die Klammer gehört ein Wort, das sowohl an das linke Wort angehängt werden kann als auch vor dem rechten Wort stehen kann. Dabei müssen sich natürlich immer wieder sinnvolle neue Wörter ergeben.

Lang (_ _ _ _ _ _) Abdruck

ÜBUNG 263

Welches Wort gehört in die Klammer?

Worträtsel

B + (Farbe) = Backware

ÜBUNG 264

Kommst du auf das Lösungswort?

Rebus

Erst musst du im Uhrzeigersinn herausfinden, welche Gegenstände dargestellt sind, dann kannst du die jeweiligen Buchstaben ersetzen oder streichen, bis du das Lösungswort gefunden hast.

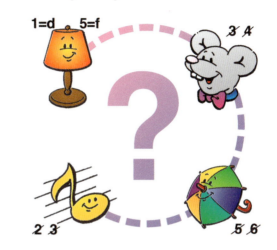

ÜBUNG 265

Was fehlt hier?

Buchstabensuche

Welche Buchstaben fehlen, damit sich, die linken Buchstaben vorangestellt, jeweils sinnvolle Wörter ergeben?

KN –
H –
B –   (… L)
ST –
W –
F –

SPRACHGEBUNDENES DENKEN

ÜBUNG 266

Wie geht dieses Sprichwort weiter?

Textergänzung

Lügen haben kurze ...
A ... Nasen.
B ... Ohren.
C ... Arme.
D ... Beine.

ÜBUNG 267

Kommst du drauf?

Was passt nicht dazu?

Finde das Wort, das nicht in die Gruppe gehört. Beispiel: Eiche, Aster, Steinbock, Schilfgras; Lösung: Steinbock muss gestrichen werden, weil er ein Tier und keine Pflanze ist.

Frankreich, Italien, Europa, Portugal

ÜBUNG 268

Alles klar?

Das gehört zusammen

Welche der Wörter der unteren Zeile stehen mit dem darüberstehenden Wort in einem Zusammenhang?

Computer

Schrift, Menu, Kabel, Leine

ÜBUNG 269

Für Rätselprofis

Bilderkreuzworträtsel

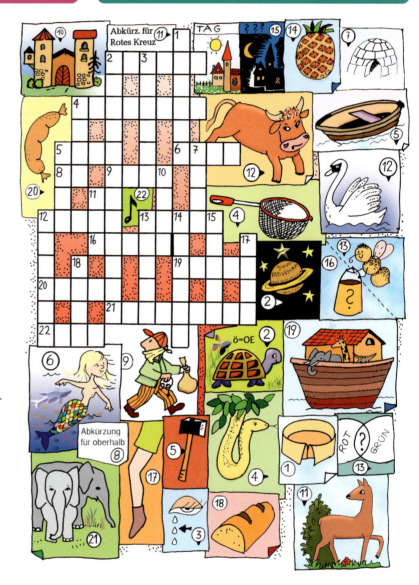

ÜBUNG 270

Welches Wort gehört in die Klammer?

Worträtsel

(Tier) + ERT = Zahl

72

SPRACHGEBUNDENES DENKEN

ÜBUNG 271

Denk mal nach!

Das gehört zusammen

Welche der Wörter der unteren Zeilen stehen mit dem Wort in der ersten Zeile in einem Zusammenhang?

Apfel
Teller, Mus,
Hund, Kern

Sprachrekorde aus der Tierwelt

Nicht nur wir Menschen beherrschen eine Sprache, sie ist auch in der Tierwelt weit verbreitet. Dabei stellen die Tiere teilweise tolle Sprachrekorde auf. So können sich Finnwale über eine Entfernung von bis zu 4500 Kilometern miteinander verständigen. Auch Elefanten können sich über mehrere Hundert Kilometer weit unterhalten. Dabei sind die Laute, die sie ausstoßen, manchmal so tief, dass ein Mensch sie gar nicht mehr hören kann.

ÜBUNG 272

Fehlerteufel

Buchstabendreher

Im Sportteil der Tageszeitung war der Fehlerteufel unterwegs und hat bei einigen Sportarten die Buchstaben vertauscht. Kannst du noch erkennen, um welche Sportarten es sich handelt?

ERWASSSKI

FASSBULL

OLGF

ÜBUNG 273

Oh weh!

Sprachlogik

Hier sind die Abstände zwischen den einzelnen Wörtern verschwunden. Kannst du sie wieder einfügen?

WenndudieAbständezwischenden einzelnenWörternwiederrichtig eingefügthast,kannstdudiesen Satzvielbesserlesen.

....

ÜBUNG 274

Für Sprachgenies

Oberbegriff suchen

Fasse die folgenden Begriffe zu einem Oberbegriff zusammen. Beispiel: Uranus – Neptun: Planeten

Nebel – Regen

....

ÜBUNG 275

Kennst du dieses Sprichwort?

Textergänzung

Was hat Gold im Mund?
A Abendrot
B Mittagsglut
C Nachtschlaf
D Morgenstund'

73

SPRACHGEBUNDENES DENKEN

ÜBUNG 276

Kommst du auf die richtige Lösung?

Buchstabensalat

Notiere alle Buchstaben, die du entdecken kannst. Um das Lösungswort zu erhalten, musst du sie aber erst richtig sortieren. Tipp: Das gesuchte Wort beginnt mit einem T und hat etwas mit dem Bild zu tun.

ÜBUNG 277

Doppelt hält besser

Wörtersuche

In die Klammer gehört ein Wort, das sowohl an das obere Wort angehängt werden kann als auch vor dem unteren Wort stehen kann. Dabei müssen sich natürlich immer wieder sinnvolle neue Wörter ergeben.

Weihnachts

(_ _ _ _ _)

Schnuppe

ÜBUNG 278

Wie geht das folgende Sprichwort weiter?

Textergänzung

Geteiltes Leid ist ...
A ... halbes Leid.
B ... auch nicht besser.
C ... doppeltes Leid.
D ... großes Glück.

ÜBUNG 279

Computer

Buchstabendreher

Wenn du die Buchstaben in diesen Worten richtig sortierst, erhältst du Begriffe, die mit einem Computer zu tun haben.

SAUM   TATURSAT

MIRSCHDILB

ÜBUNG 280

Und los geht's!

Was passt nicht dazu?

Finde das Wort, das nicht in die Gruppe gehört. Beispiel: Eiche, Aster, Steinbock, Schilfgras; Lösung: Steinbock muss gestrichen werden, weil er ein Tier und keine Pflanze ist.

Buch, Zeitung, Video, Magazin

SPRACHGEBUNDENES DENKEN

Lösungen

Lösung 211: Werkzeug

Lösung 212: Ass + el = Assel

Lösung 213: GOLD

Lösung 214: A, T und E. Zusammen mit den anderen Buchstaben ergeben sich daraus die Wörter: waten, Spaten, Daten, raten, braten und Taten (Raten und Braten können auch Hauptwörter sein).

Lösung 215: Wal + D = Wald

Lösung 216: UPEL – LUPE. Antwort A (Detektiv) ist richtig.

Lösung 217: 1 Schmetterling, 2 Schwan, 3 Wuerfel, 4 Null, 5 Cowboy, 6 Buch/Birne, 7 Brot/braun, 8 Müller, 9 Rabe, 10 Bus, 11 Auto, 12 Streifen, 13 Fohlen, 14 Lupe, 15 Blattlaus, 16 Tukan, 17 Aehre, 18 Niete, 19 Idee, 20 Glas, 21 Sau, 22 Nagel, 23 Lu, 24 Eule

Lösung 218: Becher, Eistuete, Erdbeeren, Loeffel, Portionierer, Schirmchen, Serviette, Trinkhalm, Waffel

Lösung 219: D. Das Sprichwort lautet: Wer den Schaden hat, braucht für den Spott nicht zu sorgen.

Lösung 220: Rose

Lösung 221: Sessel

Lösung 222: C. Manchmal sollte man besser die Flucht ergreifen.

Lösung 223: Kleid, Spiel, Kind

Lösung 224: Im Siebengebirge war es einst um Mitternacht nicht geheuer. In den vielen Spukschlössern bewachten Gespenster fünfeckige Kisten mit beachtlichen Schätzen. Besonders die gefährlichen Neunaugen sorgten für Angst und Schrecken. Eines Tages aber schlich ein prachtvoller Held in das größte Schloss, öffnete in einem unbewachten Moment das Schloss einer Schatzkiste und vierteilte das Neunauge mit seinem Dreizack. Der Spuk war plötzlich vorbei. Doch dann hörte der Held hinter der Tür eine leise Stimme: „Kannst du mir helfen? Ich bin so einsam!" Er brach die Tür auf und vor ihm stand eine wunderschöne Prinzessin. Sie trug das feinste Gewand, das er je gesehen hatte und er verliebte sich sofort unsterblich in die Holde. Kaum drei Monate später feierten sie Hochzeit und lebten glücklich bis an ihr Lebensende.

Lösung 225: HEINR – RHEIN. Antwort A (Fluss) ist also richtig.

Lösung 226: MUMPELPASE – PAMPELMUSE; UELSCH – SCHULE; AKOKA – KAKAO

Lösung 227: Tee + R = Teer

Lösung 228: Knobelstein

Lösung 229: Das gesuchte Wort heißt Hand. Die beiden anderen Wörter sind dann Rückhand und Handschuh.

Lösung 230: Korn

Lösung 231: Komm bitte schnell zur alten Stelle! Du findest den Schlüssel für die kleine Hütte unter der Fußmatte. Bring auch dein Schwimmzeug mit.

Lösung 232: Besen, Beutel, Hexe, Kessel, Kristallkugel, Ratte, Schaedel, Spinne, Zauberbuch, Zauberstab

Lösung 233: A. Hungertuch.

Lösung 234: 1 Australien, 2 Axt/Affe, 3 Tausendfuessler, 4 Maulwurf/Maikaefer, 5 Unke, 6 Ei, 7 Krebs, 8 Kirche, 9 Hahn, 10 Kanne/Knospe, 11 Veilchen, 12 Esel, 13 Sonne, 14 Leier, 15 Schuh, 16 Krone/Kamm, 17 Imker, 18 Ratte, 19 Haus, 20 Moehre, 21 Tuer

Lösung 235: Liebe Anna! Was soll ich mitbringen, wenn ich dich besuche? Deine Lisa

Lösung 236: VEGOLHUAS – VOGELHAUS. Antwort B (Vögel) ist also richtig.

Lösung 237: A, N und N. Zusammen mit den anderen Buchstaben ergeben sich daraus die Wörter: Kanne, Susanne, Wanne, Panne und Tanne.

Lösung 238: Geschirr (5=h), Eule (4=e), Engel (5=l), Halsband (8=d), Giraffe (7=e), Ohrringe (6=n); Lösungswort = Helden

Lösung 239: B. Aller Anfang ist schwer.

Lösung 240: GRUHMAB – HAMBURG. Antwort C (Stadt) ist richtig.

75

SPRACHGEBUNDENES DENKEN

Lösung 241: Das gesuchte Wort heißt Kinder. Die beiden anderen Wörter sind dann Enkelkinder und Kindergarten.

Lösung 242: Wiese, Wurzel, Boden

Lösung 243: ZNREEK – KERZEN; GUNLEK – KUGELN; TALTAME – LAMETTA

Lösung 244: A und U. Zusammen mit den anderen Buchstaben ergeben sich daraus die Wörter: Bau, lau, flau, grau, Sau und Tau.

Lösung 245: Hier sind ein paar Vorschläge. Vielleicht hast du ja sogar noch andere gefunden.
Hose – Dose – Rose
Baum – Saum – kaum – Raum
Dach – Bach – Fach – Krach

Lösung 246: B. Das Sprichwort heißt: Wer anderen eine Grube gräbt, fällt selbst hinein.

Lösung 247: Abfahrtslauf

Lösung 248:

Lösung 249: C. Stille Wasser sind tief.

Lösung 250: Der linke ist Schneider, der rechte Tischler.

Lösung 251: LEPFÄ – ÄPFEL; IRSCHENK – KIRSCHEN; RAUBENT – TRAUBEN

Lösung 252: hoch

Lösung 253: C. Ehrlich währt am längsten.

Lösung 254: EIZTUNG – ZEITUNG. Antwort B (Papier) ist natürlich richtig.

Lösung 255: Fahrzeuge

Lösung 256: Das gesuchte Wort heißt Salat. Die beiden anderen Wörter sind dann Kartoffelsalat und Salatgurke.

Lösung 257: Axt, Burg, Katapult, Lanze, Morgenstern, Ritter, Schild, Schwert, Zugbruecke

Lösung 258: Osterinsel

Lösung 259: Schmuck

Lösung 260: Das gesuchte Wort heißt Ball. Die beiden anderen Wörter sind dann Fußball und Balljunge.

Lösung 261: A. Der Apfel fällt nicht weit vom Stamm.

Lösung 262: Das gesuchte Wort heißt Finger. Die beiden anderen Wörter sind dann Langfinger und Fingerabdruck.

Lösung 263: B + rot = Brot

Lösung 264: Dampfmaschine; aus: Lampe, Maus, Schirm, Note

Lösung 265: A und L. Zusammen mit den anderen Buchstaben ergeben sich daraus die Wörter: Knall, Hall, Ball, Stall, Wall und Fall.

Lösung 266: D. Lügen haben kurze Beine.

Lösung 267: Europa

Lösung 268: Schrift, Menu, Kabel

Lösung 269: 1 Kragen, 2 Saturn/Schildkroete, 3 Traene, 4 Schlange/Sieb, 5 Beil/Boot, 6 Nixe, 7 Iglu, 8 OB, 9 Dieb, 10 Burg, 11 RK/Reh, 12 Stier/Schwan, 13 Braun/Biene, 14 Ananas, 15 Nacht, 16 Honig, 17 Bein, 18 Brot, 19 Arche, 20 Wurst, 21 Elefanten, 22 Note

Lösung 270: Hund + ERT = Hundert

Lösung 271: Mus, Kern

Lösung 272: ERWASSSKI – WASSERSKI; FASSBULL – FUSSBALL; OLGF – GOLF

Lösung 273: Wenn du die Abstände zwischen den einzelnen Wörtern wieder richtig eingefügt hast, kannst du diesen Satz viel besser lesen.

Lösung 274: Niederschlag

Lösung 275: D. Morgenstund' hat Gold im Mund.

Lösung 276: Tierarztpraxis

Lösung 277: Das gesuchte Wort heißt Stern. Die beiden anderen Wörter sind dann Weihnachtsstern und Sternschnuppe.

Lösung 278: A. Geteiltes Leid ist halbes Leid.

Lösung 279: SAUM – MAUS; TATURSAT – TASTATUR; MIRSCGDILB – BILDSCHIRM

Lösung 280: Video

ALLGEMEINWISSEN

Allgemeinwissen

Die Übungen, die wir dir in diesem Kapitel präsentieren, sind ein wenig anders als diejenigen aus den bisherigen Kapiteln. Dieses Mal werden dir in den meisten Fällen weder Logik noch Mathematik weiterhelfen können, denn es geht um dein Wissen.

Wir haben Fragen aus ganz unterschiedlichen Wissensgebieten für dich zusammengestellt. Einige beschäftigen sich mit Technik, andere mit Sport, wieder andere mit Politik oder Geschichte. Du wirst sie alle beantworten können, wenn du in der Schule gut aufgepasst hast und auch sonst mit offenen Augen und Ohren durch die Welt gehst. Spätestens seitdem „Wer wird Millionär?" im Fernsehen läuft, finden eine Menge Leute Quizsendungen und Wissensfragen interessant. Mehr noch, viele Leute finden es sogar richtig toll, viel zu wissen. Ein paar unserer Fragen sehen fast genauso aus wie die, die auch Günther Jauch in seiner Sendung stellt. Das sind die Fragen mit vier Antwortmöglichkeiten, von denen eine richtig ist. Manchmal kannst du dann die richtige Lösung auch herausfinden, indem du dir überlegst, welche Antworten nicht stimmen können. Es gibt aber auch Fragen, bei denen du keine Auswahl hast. Das sind dann hin und wieder richtig harte Nüsse.
Millionär kannst du bei uns zwar nicht werden, Spaß mit Wissen gibt es hier aber auch!

ÜBUNG 281

In welchem der folgenden Lebensmittel ist das meiste Fett?

Wissensfrage Ernährung

A Pommes frites
B Sahnejoghurt
C Fischstäbchen
D Salami

ÜBUNG 282

Wer ist das?

Wissensfrage Politik

Wie heißt die erste deutsche Bundeskanzlerin?

ÜBUNG 283

Kennst du die Antwort?

Wissensfrage Physik

Warum ist der Himmel blau?

77

ALLGEMEINWISSEN

ÜBUNG 284

Für Spielernaturen

Wissensfrage Unterhaltung

In welchem beliebten Gesellschaftsspiel geht es darum, eine kleine Insel zu besiedeln?

A Civilization
B Die Siedler von Catan
C Stahlross
D Villa Paletti

ÜBUNG 285

Schon gelesen?

Wissensfrage Literatur

Welcher Romanheld muss sich zum Gleis Neundreiviertel begeben, wenn er zur Schule kommen will?

ÜBUNG 286

Aus welchem Land stammt der Maler Vincent van Gogh?

Wissensfrage Kunst

A aus den Niederlanden
B aus Deutschland
C aus Belgien
D aus Polen

ÜBUNG 287

Wie heißt die folgende Weisheit aus dem Volksmund richtig?

Wissensfrage Sprache

A Es ist noch kein Meister vom Himmel gefallen.
B Es ist noch kein Geselle vom Himmel gefallen.
C Jeder Meister fällt vom Himmel.
D Es ist noch kein Meister vom Dach gefallen.

ÜBUNG 288

Für Schlaumeier

Wissensfrage Technik

Wofür stehen die Buchstaben WWW?

ALLGEMEINWISSEN

ÜBUNG 289

Wie können Katzen schnurren?

Wissensfrage Biologie

A mit dem Kehlkopf
B mit dem Zungenbein
C mit der Lunge
D mit dem Bauch

ÜBUNG 290

Innenwinkelsumme

Wissensfrage Mathematik

Dreiecke können ganz verschieden aussehen. Aber dennoch haben sie alle einige Gemeinsamkeiten. Zum Beispiel ist die Summe ihrer Innenwinkel immer gleich. Wie groß ist sie?

A 90°
B 180°
C 270°
D 360°

ÜBUNG 291

Welche Erfindung machte Louis Braille 1834?

Wissensfrage Geschichte

A Barometer
B Daguerreotypie
C Blindenschrift
D Draisine

ÜBUNG 292

Banknoten

Wissensfrage Wirtschaft

Gern werden Staatsmänner und -frauen oder Gebäude auf Banknoten abgebildet. Welche Gebäude findest du auf den Euro-Geldscheinen?

ÜBUNG 293

Wie heißt der höchste Berg der Alpen?

Wissensfrage Geografie

A Großglockner
B Zugspitze
C Matterhorn
D Mont Blanc

ALLGEMEINWISSEN

ÜBUNG 294

Das Bundesumweltamt verleiht für besonders umweltfreundliche Produkte ein Gütesiegel. Was ist darauf zu sehen?

Wissensfrage Umwelt

- A ein grüner Baum
- B eine gelbe Sonnenblume
- C ein blauer Engel
- D ein roter Schriftzug

ÜBUNG 295

Wie heißt der Erfinder von Käpt'n Blaubär?

Wissensfrage Unterhaltung

- A Walter Moers
- B Seyfried
- C Sven Nordquist
- D Otto Waalkes

ÜBUNG 296

Unsere Planeten

Wissensfrage Astronomie

Im Oktober 2003 erspähten amerikanische Astronomen Xena, den damals zehnten Planeten in unserem Sonnensystem. Seit 2006 gilt er jedoch als Zwergplanet. Wie lauten die Namen der acht Planeten und welcher ehemalige Planet gilt heute wie Xena auch als Zwergplanet?

ÜBUNG 297

Spielhallen

Wissensfrage Recht

In vielen Innenstädten locken Spielhallen mit ihren Angeboten. Ab welchem Alter darfst du dich in diesen Vergnügungstempeln aufhalten?

- A ab 14 Jahren
- B ab 16 Jahren
- C ab 18 Jahren
- D ab 21 Jahren

ÜBUNG 298

Weißt du die Antwort?

Wissensfrage Sport

In welcher Sportart ziehen die „Harlem Globetrotters" eine große Show ab?

80

ALLGEMEINWISSEN

ÜBUNG 299

Jungs und Mädels

Wissensfrage Sprache

Wie nennt man einen einzelnen Jungen innerhalb einer Gruppe von Mädchen?

A Hahn im Korb
B Storch im Nest
C Made im Speck
D Hund in der Pfanne

ÜBUNG 300

Wer ist das?

Wissensfrage Geschichte

Welche römische Göttin wird häufig mit verbundenen Augen dargestellt?

ÜBUNG 301

Welches der folgenden Instrumente ist kein Blechblasinstrument?

Wissensfrage Musik

A Trompete
B Posaune
C Saxofon
D Horn

ÜBUNG 302

Schon gehört?

Wissensfrage Geschichte

Wie kam die Kartoffel nach Europa?

ÜBUNG 303

Wie heißt ein berühmter Schüler des griechischen Philosophen Sokrates?

Wissensfrage Philosophie

A Aristoteles
B Platon
C Diogenes
D Archimedes

Wissen ist Macht
Sicher hast du auch schon einmal den Spruch „Wissen ist Macht" gehört. Aber woher kommt dieses Zitat eigentlich? Es wird dem englischen Philosophen und Politiker Francis Bacon zugeschrieben, der im 16. Jahrhundert lebte.

ALLGEMEINWISSEN

ÜBUNG 304

Welcher Astronaut betrat als erster Mensch den Mond?

Wissensfrage Geschichte

A John Young
B Edwin Aldrin
C Neil Armstrong
D Michael Collins

ÜBUNG 305

Wähle die richtige Antwort.

Wissensfrage Sprache

Wie wird der folgende Satz richtig vollendet?
Sie wollten die gegnerische Mannschaft …

A … fertig machen.
B … fertigmachen.
C … Fertig machen.
D … fertig Machen.

ÜBUNG 306

Wie heißt das Nest des Eichhörnchens?

Wissensfrage Biologie

A Horst
B Bau
C Kobel
D Höhle

ÜBUNG 307

Für Naturschützer

Wissensfrage Umwelt

Über welchem Kontinent befindet sich das Ozonloch?

ÜBUNG 308

Von Obst und Gemüse

Wissensfrage Ernährung

Wie oft solltest du täglich Obst und Gemüse zu dir nehmen, wenn du dich gesund ernähren möchtest?

82

ALLGEMEINWISSEN

ÜBUNG 309

Welche der folgenden Sportarten ist nicht bei den Olympischen Spielen im Programm?

Wissensfrage Sport

A Beach Volleyball
B Curling
C Rugby
D Trampolinspringen

ÜBUNG 310

Wasserfälle

Wissensfrage Geografie

In Nordamerika, an der Grenze zwischen Kanada und den USA, befinden sich berühmte Wasserfälle. Wie heißen sie?

ÜBUNG 311

Für welche physikalische Größe benutzt man die Einheit Watt?

Wissensfrage Physik

A Geschwindigkeit
B Widerstand
C Kraft
D Leistung

ÜBUNG 312

Kommst du drauf?

Wissensfrage Technik

Was ist in der Computertechnik der Unterschied zwischen Hardware und Software?

ÜBUNG 313

Wer ist das?

Wissensfrage Politik

Wer ist das Staatsoberhaupt der Bundesrepublik Deutschland?

A der Bundeskanzler
B der Bundespräsident
C der Bundestagspräsident
D der Bundesratspräsident

83

ALLGEMEINWISSEN

ÜBUNG 314

Wie heißt das Ergebnis einer Subtraktion?

Wissensfrage Mathematik

A Differenz
B Summe
C Quotient
D Skalarprodukt

ÜBUNG 315

Wie heißt der Chef der römischen Götter?

Wissensfrage Geschichte

A Zeus
B Osiris
C Neptun
D Jupiter

ÜBUNG 316

Welche bekannte Wissenschaftlerin hat als erste Frau einen Nobelpreis bekommen?

Wissensfrage Forschung

A Jane Goodall
B Liese Meitner
C Ada Lovelace
D Marie Curie

ÜBUNG 317

Wie heißt es richtig?

Wissensfrage Sprache

Als und *wie* gehören zu den fiesen kleinen Wörtern, die viele Leute (und nicht nur Kinder) häufig verwechseln. Daher möchten wir nun wissen, wie es richtig heißt.

A Ich bin schlauer wie du.
B Ich bin schlauer als wie du.
C Ich bin schlauer wie als du.
D Ich bin schlauer als du.

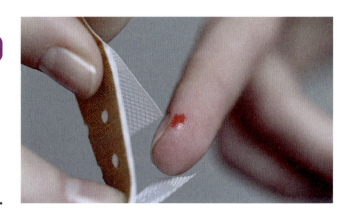

ÜBUNG 318

Wie viel Blut enthält der Körper eines erwachsenen Menschen durchschnittlich?

Wissensfrage Biologie

A drei Liter
B vier Liter
C fünf Liter
D acht Liter

84

ALLGEMEINWISSEN

ÜBUNG 319

Welches der folgenden Vitamine gibt es gar nicht?

Wissensfrage Chemie

A Vitamin K
B Vitamin E
C Vitamin H
D Vitamin O

ÜBUNG 320

Wie heißt Deutschlands erfolgreichster Tischtennisspieler?

Wissensfrage Sport

A Jörg Rosskopf
B Boris Becker
C Timo Boll
D Ralf Wosik

ÜBUNG 321

Bei welchem Vorhaben hilft Rumpelstilzchen der armen Müllerstochter?

Wissensfrage Literatur

A beim Diamantenfinden
B beim Silberputzen
C beim Weihrauchernten
D beim Goldspinnen

ÜBUNG 322

Wer war der Maler der berühmten Mona Lisa?

Wissensfrage Kunst

A Pablo Picasso
B Leonardo da Vinci
C Raphael
D Sandro Botticelli

ÜBUNG 323

Für Physikprofis

Wissensfrage Physik

Wie groß ist die Lichtgeschwindigkeit?

ÜBUNG 324

Kennst du die Antwort?

Wissensfrage Technik

Welcher deutsche Wissenschaftler baute den ersten Computer?

A Konrad Zuse
B Albert Einstein
C Gottfried Wilhelm Leibniz
D Werner von Siemens

ALLGEMEINWISSEN

ÜBUNG 325

Der Bodensee

Wissensfrage Geografie

Der Bodensee wird von drei Ländern umschlossen. Welche Länder sind das?

ÜBUNG 326

Wiedervereinigung

Wissensfrage Geschichte

Am 3. Oktober 1990 wurde die deutsche Wiedervereinigung vollzogen. An diesem Tag kamen fünf Bundesländer zu den elf bereits bestehenden hinzu. Wie heißen diese fünf neuen Länder?

ÜBUNG 327

Weißt du Bescheid?

Wissensfrage Biologie

Was versteht man unter dem genetischen Fingerabdruck?

ÜBUNG 328

In welchem Land regiert die Duma?

Wissensfrage Politik

A in Russland
B in Bulgarien
C in Tschechien
D in Griechenland

ÜBUNG 329

Chinesische Philosophie

Wissensfrage Philosophie

Yin ist die andere Seite von ...

A Yang   B Yong
C Yung   D Yeng

ÜBUNG 330

Süß und lecker

Wissensfrage Ernährung

Coca Cola enthält eine Menge Zucker. Wie viel Zucker ist in einem halben Liter dieses beliebten Getränks enthalten?

A 10 Gramm
B 30 Gramm
C 50 Gramm
D 100 Gramm

ALLGEMEINWISSEN

ÜBUNG 331

Wer abnehmen will, muss Kalorien verbrennen. Bei welchem Sport verbraucht man die meisten Kalorien?

Wissensfrage Sport

A Radfahren
B Schwimmen
C Joggen
D Nordic Walking

ÜBUNG 332

Die Kinder aus der Krachmacherstraße

Wissensfrage Literatur

Wie heißt die kleine Schwester von Mia Maria und Jonas aus der Krachmacherstraße?

ÜBUNG 333

Weisheiten

Wissensfrage Sprache

Wer diese Frage beantworten kann, hat die Weisheit mit …

A … Bechern getrunken.
B … Gabeln geschluckt.
C … Löffeln gegessen.
D … Messern geschnitten.

ÜBUNG 334

Für Mathegenies

Wissensfrage Mathematik

Welche Zahlenarten umfasst die Menge der ganzen Zahlen?

ÜBUNG 335

Wo findet man eine Auenlandschaft?

Wissensfrage Geologie

A an Fluss- und Bachläufen
B in Waldgebieten
C in Steppen
D an der Nordseeküste

ÜBUNG 336

Kommst du drauf?

Wissensfrage Musik

Wie heißt der erste Hit der Band Tokio Hotel?

87

ALLGEMEINWISSEN

ÜBUNG 337

Wettlauf zum Südpol

Wissensfrage Geschichte

Im Jahr 1911 fand ein spektakulärer Wettlauf zum Südpol statt. Wer konnte dieses Rennen für sich entscheiden?

....

ÜBUNG 338

Gute Freunde

Wissensfrage Sprache

Wer einen guten Freund hat, kann mit ihm …

A … über Stock und Stein gehen.
B … durch dick und dünn gehen.
C … durch ein Nadelöhr gehen.
D … von Sodom nach Gomorrha gehen.

....

ÜBUNG 339

Für Fußballfans

Wissensfrage Sport

Wann fand die letzte FIFA Fußball-Weltmeisterschaft der Männer in Deutschland statt?

ÜBUNG 340

Kennst du diese Person?

Wissensfrage Musik

Wie lautet der erste Vorname der Musikerin Louise Veronica Ciccone?

....

ÜBUNG 341

Oft wird ein Gott als kleiner Junge, der Pfeile verschießt, dargestellt. Um wen handelt es sich?

Wissensfrage Geschichte

A Amor
B Mars
C Poseidon
D Jupiter

....

ÜBUNG 342

Was ist das höchste Strafmaß in der Jugendstrafe?

Wissensfrage Recht

A 5 Jahre
B 10 Jahre
C 15 Jahre
D lebenslänglich

88

ALLGEMEINWISSEN

ÜBUNG 343

Wer ist das?

Wissensfrage Philosophie

Philosophen sind und waren bisweilen komische Gestalten. Welcher Philosoph soll der Überlieferung nach in einer Tonne gelebt haben?

ÜBUNG 344

Wo findet man ein GSM-Netz?

Wissensfrage Technik

A in der Hochseefischerei
B in der Mobilfunktechnik
C in der Computertechnik
D in modernen Haushalten

ÜBUNG 345

Hättest du's gewusst?

Wissensfrage Unterhaltung

Wie heißt die älteste Nachrichtensendung im deutschen Fernsehen?

ÜBUNG 346

Wer war der Neandertaler?

Wissensfrage Geschichte

A Schweizer Käsesorte
B Raubtier der Frühzeit
C Frühmensch
D Bewohner eines österreichischen Touristengebiets

ÜBUNG 347

Wer konstruierte und baute im Jahr 1876 den ersten Verbrennungsmotor?

Wissensfrage Technik

A Carl Benz
B Nikolaus August Otto
C Gottfried Daimler
D Henry Ford

ÜBUNG 348

Welche der folgenden Farben findet sich nicht im Regenbogen?

Wissensfrage Physik

A Blau
B Rot
C Violett
D Pink

ALLGEMEINWISSEN

ÜBUNG 349

Flugzeuge

Wissensfrage Physik

Wie entsteht der Kondensstreifen, den einige Flugzeuge an den Himmel „malen"?

ÜBUNG 350

Wie heißt es richtig?

Wissensfrage Sprache

Welcher der folgenden Sätze ist richtig?

A   Ich gehe, weil bin ich verabredet.

B   Ich gehe, weil ich bin verabredet.

C   Ich gehe, weil ich verabredet bin.

D   Ich gehe, weil verabredet ich bin.

Lösungen

Lösung 281: D, Salami. Durchschnittlich haben 100 Gramm Salami 33 Gramm Fett. Wenn du 100 Gramm Salami verspeist, nimmst du damit 371 Kilokalorien zu dir.

Lösung 282: Angela Merkel (geb. 1954)

Lösung 283: Das Geheimnis des blauen Himmels wurde bereits Ende des 19. Jahrhunderts von dem englischen Physiker John W. S. Rayleigh (1842–1919) gelüftet. Das Licht, das von der Sonne kommt, setzt sich nämlich aus vielen verschiedenen Farben zusammen. Wenn das Licht nun auf die Luft, die die Erde umgibt, trifft, wird es von den Luftteilchen zerlegt und je nach Farbe verschieden stark gestreut. Das blaue Licht wird dabei stärker gestreut als das langwellige rote Licht. Deshalb erscheint uns der Himmel blau.

Lösung 284: B, Die Siedler von Catan

Lösung 285: Harry Potter

Lösung 286: A, aus den Niederlanden. Van Gogh wurde am 30. März 1853 in Groot-Zundert bei Breda geboren und starb am 29. Juli 1890 in Frankreich.

Lösung 287: A, Es ist noch kein Meister vom Himmel gefallen.

Lösung 288: World Wide Web. Mit WWW wird allgemein das Internet bezeichnet, obwohl das nicht ganz richtig ist. Genau genommen handelt es sich nämlich nur um einen Teil des Internets.

Lösung 289: B, mit dem Zungenbein. Die Forscher wissen noch nicht ganz genau, wie die Katzen das Schnurren zustande bringen. Sie halten es aber für sehr wahrscheinlich, dass es sich dabei um die Reibung der Luft am Zungenbein, das die Zunge mit dem Schädel verbindet, handelt.

Lösung 290: B, 180°

Lösung 291: C, Blindenschrift. Braille (1809–52) war selbst seit seinem dritten Lebensjahr blind. Er entwickelte eine Schrift, die aus drei Punkten in der Höhe und zwei Punkten in der Breite bestand. Damit können 64 unterschiedliche Zeichen wiedergegeben

ALLGEMEINWISSEN

werden. Dadurch, dass die Punkte in Papier gestanzt werden, ist es blinden Menschen möglich, sie mit den Fingerspitzen zu ertasten und so zu lesen.

Lösung 292: Auf den Euro-Banknoten sind ausschließlich Brücken zu finden.

Lösung 293: D, Mont Blanc. Er ist 4809 Meter hoch.

Lösung 294: C, ein blauer Engel

Lösung 295: A, Walter Moers (geb. 1957)

Lösung 296: Die Namen der acht Planeten in unserem heutigen Sonnensystem lauten (ausgehend von der Sonne): Merkur, Venus, Erde, Mars, Jupiter, Saturn, Uranus und Neptun. Pluto war bis zum Jahr 2006 ebenfalls ein Planet. Dann wurde ihm wie Xena der Status eines Planeten aberkannt.

Lösung 297: C, ab 18 Jahren. Allerdings macht das Spielen an solchen Automaten auch mit 18 Jahren keinen besonderen Spaß.

Lösung 298: im Basketball

Lösung 299: A, Hahn im Korb

Lösung 300: Justitia, die Göttin der Gerechtigkeit. Die Waage und das Schwert sind weitere Attribute, die ihr häufig mit auf den Weg gegeben werden.

Lösung 301: C, Saxofon. Beim Saxofon erzeugt ein Holzblättchen, das am Mundstück befestigt wird, die Töne.

Lösung 302: Ursprünglich stammt die Kartoffel aus den südamerikanischen Anden. Dort wurde sie von Spaniern entdeckt und aufgrund der schönen Blüte und des üppigen Laubes zunächst als Zierpflanze nach Europa gebracht. Da die oberirdischen Teile der Kartoffel giftig sind, verliefen erste Versuche, dieses Gewächs zu essen, meist schmerzhaft und unangenehm. Erst als man begann, die unterirdische Knolle zu essen, bemerkte man, wie schmackhaft dieses Gewächs ist.

Lösung 303: B, Platon (427 vor Christus – 347 vor Christus). Platon ist einer der berühmtesten antiken Philosophen, der in seinen früheren Werken die Ideen seines Lehrers wiedergibt.

Lösung 304: C, Neil Armstrong (1930–2012). Am 21. Juli 1969 betrat der amerikanische Astronaut Neil Armstrong genau um 3:56 Uhr mitteleuropäischer Zeit als erster Mensch den Mond.

Lösung 305: B, fertigmachen. In diesem Fall wird das Wort zusammengeschrieben, weil es im übertragenen Sinn von „besiegen, zermürben" gebraucht wird. Verwendest du das Wort mit der Bedeutung „eine Arbeit fertig machen", schreibt man es allerdings auseinander.

Lösung 306: C, Kobel

Lösung 307: Regelmäßig im Winter bildet sich das Ozonloch über der Antarktis.

Lösung 308: Die meisten Wissenschaftler sind der Meinung, dass du täglich fünfmal Obst und Gemüse essen solltest, wenn du gesund bleiben willst.

Lösung 309: C, Rugby

Lösung 310: Die Niagarafälle. Hier stürzt der Niagara River 58 Meter in die Tiefe.

Lösung 311: D, Leistung

Lösung 312: Als Hardware (harte Ware) bezeichnet man alle Teile eines Computers, die man auch anfassen kann, also die Geräte und ihr elektronisches Innenleben. Die Programme werden dagegen unter dem Begriff Software (weiche Ware) zusammengefasst.

Lösung 313: B, der Bundespräsident

Lösung 314: A, Differenz

Lösung 315: D, Jupiter

Lösung 316: D, Marie Curie (1867–1934) entdeckte zusammen mit ihrem Mann Pierre (1859–1906) die beiden Elemente Radium und Polonium, deren Strahlung Marie „radioaktiv" nannte. Im Jahr 1903 erhielten die Curies zusammen mit Henri Becquerel (1852–1908) für ihre Leistungen den Nobelpreis für Physik. Nur acht Jahre später wurde ihr auch der Nobelpreis für Chemie verliehen.

Lösung 317: D, Ich bin schlauer als du.

Lösung 318: C, fünf Liter

Lösung 319: D, Vitamin O. Vitamin K verbessert die Blutgerinnung, Vitamin E schützt als Oxidationsschutz vor den schädlichen freien Radikalen und Vitamin H übernimmt eine wichtige Funktion beim Stoffwechsel.

Lösung 320: C, Timo Boll (geb. 1981)

Lösung 321: D, beim Goldspinnen

ALLGEMEINWISSEN

Lösung 322: B, Leonardo da Vinci (1452–1519). Da Vinci war nicht nur ein berühmter Maler, von ihm stammen auch viele nützliche und spannende Erfindungen.

Lösung 323: Die Lichtgeschwindigkeit beträgt ungefähr 300.000 Kilometer in der Sekunde. Der genaue Wert ist 299.792,485 Kilometer in der Sekunde.

Lösung 324: A, Konrad Zuse. In einer kleinen Wohnung in Berlin baute der Wissenschaftler Konrad Zuse (1910–95) den ersten funktionsfähigen programmierbaren Rechner. Er nannte ihn Z3.

Lösung 325: Deutschland, Österreich und die Schweiz.

Lösung 326: Brandenburg, Thüringen, Mecklenburg-Vorpommern, Sachsen und Sachsen-Anhalt

Lösung 327: Die Erbinformationen eines Menschen sind in der sogenannten DNS festgelegt. Sie ist bei jedem Menschen unterschiedlich. Daher kann man einen Menschen anhand seiner DNS also eindeutig identifizieren. Liegt nun (z. B. durch Spuren am Tatort) die DNS eines Täters vor, lässt sie sich leicht mit der eines Verdächtigen vergleichen und so feststellen, ob der Tatverdächtige auch für die Tat verantwortlich gemacht werden muss.

Lösung 328: A, in Russland (Teil des Parlaments)

Lösung 329: A, Yang. Yin und Yang kommen in der chinesischen Philosophie vor.

Lösung 330: C, 50 Gramm. Ein halber Liter Coca Cola hat 220 Kalorien, ein Liter weist also fast genauso viele Kalorien auf wie eine Tafel Schokolade.

Lösung 331: C, Joggen. Wenn die Geschwindigkeit beim Joggen deutlich über zehn Kilometer in der Stunde liegt (das ist schon ganz schön schnell), verbraucht man bei diesem Sport am meisten Kalorien. Der Verbrauch beim Nordic Walking liegt allerdings nur knapp dahinter.

Lösung 332: Lotta

Lösung 333: C, ... Löffeln gegessen.

Lösung 334: Die Menge der ganzen Zahlen umfasst alle positiven ganzen Zahlen (also Zahlen ohne Nachkommastellen), alle negativen ganzen Zahlen und die Null. Brüche zählen nicht dazu.

Lösung 335: A, an Fluss- und Bachläufen

Lösung 336: Durch den Monsun

Lösung 337: Roald Amundsen (1872–1928). Der norwegische Polarforscher Roald Amundsen und der Brite Robert Falcon Scott (1868–1912) lieferten sich dieses berühmte Rennen.

Lösung 338: B, ... durch dick und dünn gehen.

Lösung 339: 2006

Lösung 340: Madonna

Lösung 341: A, Amor. Er war der römische Gott der Liebe. Wer von seinen Pfeilen ins Herz getroffen wurde, verliebte sich unsterblich.

Lösung 342: A, 5 Jahre

Lösung 343: Der griechische Philosoph Diogenes von Sinope (um 400 vor Christus – circa 325 vor Christus).

Lösung 344: B, in der Mobilfunktechnik. GSM-Netze sind spezielle digitale Mobilfunknetze. Sie werden in zwei Frequenzbereichen betrieben, etwa 900 Megahertz und 1800 Megahertz. Die Übertragung der Daten erfolgt hier in reinen Zahlenfolgen aus 0 und 1. Daher lassen sich nicht nur reine Gespräche, sondern Daten jeglicher Art über ein GSM-Netz übertragen.

Lösung 345: Tagesschau. Diese Nachrichtensendung ist seit Weihnachten 1952 auf Sendung.

Lösung 346: C, Frühmensch. Der Neandertaler ist ein ausgestorbener Verwandter des heutigen Menschen. Er lebte in einer Zeit von vor circa 160.000 bis 30.000 Jahren.

Lösung 347: B, Nikolaus August Otto (1832–91) erfand den sogenannten Ottomotor, der ein Gemisch aus Luft und Benzin als Treibstoff verwendet.

Lösung 348: D, Pink. Beim Regenbogen verlaufen die Farben von außen nach innen von Rot über Orange, Gelb, Grün, Blau und Indigo zu Violett. Zeigt sich ein zweiter, schwächerer Regenbogen am Himmel, so ist dort der Farbverlauf umgekehrt.

Lösung 349: Die Kondensstreifen entstehen bei der Verbrennung des Treibstoffs in den Triebwerken. Dabei entwickelt sich nämlich unter anderem Wasserdampf, der in der kalten Luft kondensiert und zur charakteristischen Wolke hinter den Flugzeugen wird.

Lösung 350: C, Ich gehe, weil ich verabredet bin.

GEDÄCHTNIS

Gedächtnis

Kennst du das Dings? So ein Dings ist eine tolle Sache, denn es kann ganz unterschiedlich sein. Manchmal ist eine Person ein Dings, dann wieder ein Gegenstand. Auch eine Zahl kann vielleicht ein Dings sein und manchmal sogar ein bestimmtes Wort.

Aber ein Dings ist nicht immer da, sondern nur in besonderen Situationen. Es taucht nämlich immer dann auf, wenn du etwas vergessen hast. „Gib mir doch mal eben das Dings", sagst du vielleicht zu deiner Schwester oder „Das war nicht ich, das war doch der Dings", wenn dein Lehrer wissen will, wer ihm einen nassen Schwamm auf den Stuhl gelegt hat. Auch wenn das Dings wirklich nützlich und immer zur Stelle ist, wenn du es brauchst, ist es meistens noch schöner, wenn es nicht da sein muss. Dann nämlich fallen dir die richtigen Dinge, Worte oder Personen von selbst sofort ein. Oder mit anderen Worten ausgedrückt: Dann hast du ein gutes Gedächtnis.
So ein gutes Gedächtnis kannst du natürlich auch trainieren. Dazu gibt es besondere Aufgaben, von denen du einige in diesem Kapitel findest. Wichtig ist dabei, dass du nicht schummelst. Oft musst du dir nämlich etwas ansehen oder durchlesen und es dann verdecken, bevor du einige Fragen beantwortest. Das funktioniert aber nur, wenn du dich genau an die Anweisungen in den Aufgaben hältst. Wenn du ab und zu einmal die Abdeckung anhebst und darunterschielst, trainierst du dein Gedächtnis überhaupt nicht. Und außerdem macht das Ganze dann auch nur halb so viel Spaß.
Jetzt haben wir aber genug geredet: Nimm dir einen Zettel und einen Dings und fang an!

ÜBUNG 351

Nicht vergessen!

Zahlengedächtnis

Sieh dir die folgenden Zahlen kurz (circa 30 Sekunden) an. Decke sie dann mit einem Stück Papier ab und schreibe so viel wie möglich aus dem Gedächtnis auf.

5 8 18 22 29 30 17

ÜBUNG 352

Vier Stücke sind aus dem großen Kartonstück herausgestanzt worden. Welche sind das?

Puzzle

ÜBUNG 353

Symbole

Optisches Gedächtnis

Sieh dir folgende Symbole kurz (eine bis zwei Sekunden lang) an und achte auch auf die Reihenfolge! Decke sie dann ab und zeichne sie in der richtigen Reihenfolge auf.

93

GEDÄCHTNIS

ÜBUNG 354

Lies folgende Geschichte durch und beantworte die Fragen, ohne noch einmal in der Geschichte nachzusehen.

Sprachgedächtnis

Oft lächeln wir heutzutage über die Vorstellungen, die man früher von der Welt hatte. Umso erstaunlicher ist es, dass es schon vor 2500 Jahren Gelehrte gab, die eine ganz genaue Vorstellung davon hatten, wie unsere Welt aufgebaut ist. Einer dieser Gelehrten war der Grieche Demokrit (um 460 vor Christus – ca. 371 vor Christus). Er hatte als Erster die Idee, dass die Welt aus winzig kleinen, unteilbaren Teilchen besteht und nannte diese Teilchen Atome. Das kommt von dem griechischen Wort „atomos". Auf Deutsch heißt „atomos" so viel wie unteilbar.

1. Aus welchem Land stammte der Gelehrte?
2. Was heißt atomos auf Deutsch?

ÜBUNG 355

Quader

optisches Gedächtnis

Richte deine Aufmerksamkeit ausschließlich auf diesen Quader und versuche, ihn dabei mehrfach kippen zu lassen.

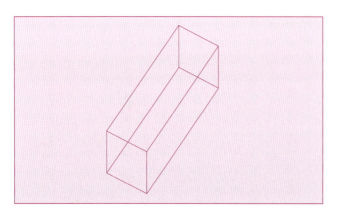

ÜBUNG 356

Welche der folgenden Köpfe und Schatten gehören zusammen?

Schattenriss

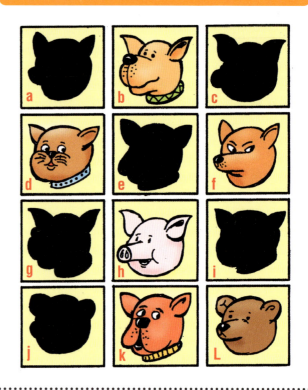

ÜBUNG 357

Buchstabenkombinationen

Sprachgedächtnis

Betrachte die folgenden zehn Buchstabenkombinationen eine Minute lang. Notiere anschließend so viele davon, wie du dir merken konntest.

KER

WER   KUH   RDE

HZB

SWA   QON

VCB   SWE   ÄÖP

GEDÄCHTNIS

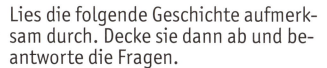

ÜBUNG 358

Unterrichtsfächer

Sprachgedächtnis

Sieh dir die folgenden Wörter ganz kurz (nur eine bis zwei Sekunden) an. Decke sie dann mit einem Stück Papier ab und schreibe so viele wie möglich aus dem Gedächtnis auf.

Deutsch, Englisch, Mathematik, Chemie, Biologie, Kunst

....

ÜBUNG 359

Erinnerst du dich?

Sprach- und Zahlengedächtnis

Hier findest du Wörter, Zahlen und Symbole bunt gemischt. Sieh sie dir kurz (circa 30 Sekunden) an. Decke sie dann mit einem Stück Papier ab und schreibe so viele wie möglich aus dem Gedächtnis auf.

02564 () / % $ Berg Haus Nase Wasser

....

ÜBUNG 360

Wie viele Wörter fallen dir ein?

Sprachgedächtnis

Schreibe so viele Wörter, die mit den Buchstaben „Kr" anfangen, auf, wie dir einfallen.

Beispiel: Krach, Kreis, Kröte ...

ÜBUNG 361

Lies die folgende Geschichte aufmerksam durch. Decke sie dann ab und beantworte die Fragen.

Sprachgedächtnis

Manfred und sein braunhaariger Sohn Kai besuchen den Zoo. Zuerst will Kai zu den Giraffen. Aber auch die Elefanten und Riesenschildkröten haben es ihm angetan. Nur vor den Löwen fürchtet sich der Kleine ein wenig. Doch als die beiden Ausflügler nach der Robbenfütterung Marie, die rothaarige Schulfreundin von Kai, beim Tigergehege treffen, ist die gute Laune bald wieder hergestellt.

1. Wie heißt der Vater?
2. Wie heißen die Kinder und welche Haarfarben haben sie?
3. Welche Tiere haben Vater und Sohn besucht?
4. Welche davon sind keine Säugetiere?

....

ÜBUNG 362

Zwei dieser elf Farbpaletten sind gleich. Kannst du herausfinden, welche?

Vergleichsbild

GEDÄCHTNIS

ÜBUNG 363

Lies folgende Geschichte durch und beantworte die Fragen, ohne noch einmal in der Geschichte nachzusehen.

Sprachgedächtnis

Die Menschen im Altertum kannten zwar noch kein Aspirin, aber sie mussten nicht ohne Medikamente auskommen. Bereits vor 4000 Jahren gab es im Herrscherpalast von Zimrilim in der altbabylonischen Stadt Mari (dort, wo heute das Land Syrien liegt) eine eigene königliche Drogerie. Hier stellten heilkundige Männer und Frauen Salben und Heilessenzen her. Die Ausgangsstoffe für diese Medikamente waren Zedern, Zypressen, Oliven, Ingwer und Weihrauch.

1. Wann gab es die erste Drogerie?
2. Wo lag die Stadt Mari?

ÜBUNG 364

Welches Spiegelbild sieht der Clown?

Vergleichsbild

ÜBUNG 365

Kannst du dich erinnern?

Optisches Gedächtnis

Merke dir folgende Formen, ihre Umrisse und ihre Position zueinander ganz genau und decke dann die Vorlage ab.

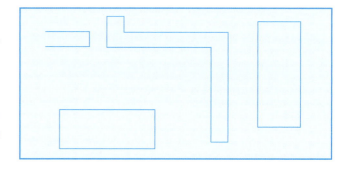

Trage nun, ohne noch einmal hinzusehen, die Formen auf folgender Rasterfläche ein.

ÜBUNG 366

Alles gemerkt?

Sprach- und Zahlengedächtnis

Hier findest du Wörter, Zahlen und Symbole bunt gemischt. Sieh sie dir kurz (circa 30 Sekunden) an. Decke sie dann mit einem Stück Papier ab und schreibe so viele wie möglich aus dem Gedächtnis auf.

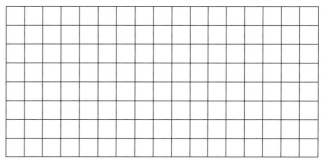

96

GEDÄCHTNIS

ÜBUNG 367

Superhelden

Sprachgedächtnis

Die wichtigsten Superhelden-Comics werden von den amerikanischen Verlagen Marvel und DC herausgegeben. Präge dir ein, welcher Held zu welchem Verlag gehört und schreibe es aus dem Gedächtnis auf.

Spiderman	Marvel
Batman	DC
Superman	DC
X-Men	Marvel
Wondergirl	DC
Catwoman	DC

ÜBUNG 368

Wie viel weißt du noch?

Zahlengedächtnis

Präge dir die folgenden Zahlen ein und schreibe so viele wie möglich aus dem Gedächtnis auf.

1 3 78 23 8 98 54

ÜBUNG 369

Kannst du's dir merken?

Zahlengedächtnis

Sieh dir die folgenden Zahlen kurz (circa 30 Sekunden) an. Decke sie dann mit einem Stück Papier ab und schreibe so viele wie möglich aus dem Gedächtnis auf.

27   54   6   75   132   4876   33

ÜBUNG 370

Symbole

Optisches Gedächtnis

Betrachte diese 15 Symbole eine Minute lang. Notiere anschließend so viele davon, wie du dir merken konntest. Achtung: Einige Symbole sind mehrfach (gedreht) vorhanden.

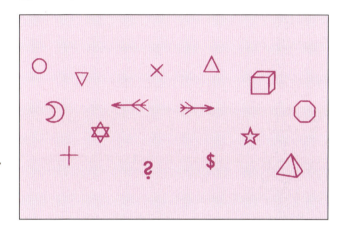

ÜBUNG 371

Lies folgende Geschichte durch und beantworte die Fragen, ohne noch einmal in der Geschichte nachzusehen.

Sprachgedächtnis

Bei uns misst man die Temperatur in Celsius. Das ist aber nicht die einzige Einheit, die man verwendet. In den USA beispielsweise wird die Temperatur in Fahrenheit gemessen. Die Wissenschaftler wiederum benutzen ganz andere Einheiten. Sie messen Temperaturen in Kelvin.

1. In welcher Einheit messen die Amerikaner die Temperatur?
2. Wer benutzt die Einheit Kelvin?

97

GEDÄCHTNIS

ÜBUNG 372

Synonyme

Sprachgedächtnis

Oft kannst du unterschiedliche Wörter verwenden, um dasselbe auszudrücken. Suche so viele unterschiedliche Wörter, wie dir einfallen, um „langsam" auszudrücken.

....

ÜBUNG 373

Hast du ein gutes Gedächtnis?

Sprachgedächtnis

Schreibe so viele Wörter, die mit den Buchstaben „rt" aufhören, auf, wie dir einfallen. Beispiel: Art, Hundert, Schwert ...

....

ÜBUNG 374

Wie gut kennst du die USA?

Sprachgedächtnis

Hier haben wir dir einmal eine Liste von allen Bundesstaaten der USA aufgeschrieben. Das sind eine ganze Menge, nämlich 50 Stück. Sieh dir die Liste genau an, decke sie dann ab und versuche, so viele Bundesstaaten wie möglich aus dem Gedächtnis aufzuschreiben.

ÜBUNG 375

Zeichen

Optisches Gedächtnis

Präge dir die 15 folgenden Zeichen eine Minute lang ein. Notiere anschließend so viele davon, wie du dir merken konntest.

§ $ %   &
/   )   ?   #
*   +   @   =
    {   > |

....

ÜBUNG 376

Sport

Sprachgedächtnis

Sieh dir die folgenden Wörter ganz kurz (nur eine bis zwei Sekunden) an. Decke sie dann mit einem Stück Papier ab und schreibe so viele wie möglich aus dem Gedächtnis auf.

Fußball, Tennis, Handball, Hockey, Schwimmen, Basketball

....

Alabama	Idaho	Massachusetts	New Mexico	South Dakota
Alaska	Illinois	Michigan	New York	Tennessee
Arizona	Indiana	Minnesota	North Carolina	Texas
Arkansas	Iowa	Mississippi	North Dakota	Utah
Connecticut	Kalifornien	Missouri	Ohio	Vermont
Colorado	Kansas	Montana	Oklahoma	Virginia
Delaware	Kentucky	Nebraska	Oregon	Washington
Florida	Louisiana	Nevada	Pennsylvania	West Virginia
Georgia	Maine	New Hampshire	Rhode Island	Wisconsin
Hawaii	Maryland	New Jersey	South Carolina	Wyoming

98

GEDÄCHTNIS

ÜBUNG 377

Lies folgende Geschichte durch und beantworte die Fragen, ohne noch einmal in der Geschichte nachzusehen.

Sprachgedächtnis

Buffy Summers ist Vampirjägerin. Sie lebt in Sunnydale, Kalifornien, wo sie zuerst die Highschool und anschließend das College besuchte. In der Nacht aber macht sie Jagd auf Vampire und andere Dämonen. Buffys beste Freunde von der Highschool sind Willow, eine Vorzeigeschülerin, die auf Hexe trainiert, und Xander, der in der Schule kurz mit seiner Klassenkameradin, der Nervensäge Cordelia, zusammen war. An „Arbeit" mangelt es Buffy nicht: Ihre Stadt ist auf einer Art Höllenschlund gebaut, der immer wieder Dämonen aller Art ausspeit und aus der ganzen Welt anzieht.

1. Wer war mit Buffy in der Highschool?
2. Wie heißt der Ort, an dem das alles passiert?
3. Wie viele Personen werden in der Geschichte mit Namen erwähnt?

....

ÜBUNG 378

Zeichenkombinationen

Optisches Gedächtnis

Betrachte folgende 16 Zeichenkombinationen so lange du willst. Wenn du dir sicher bist, dir möglichst alle gemerkt zu haben, notiere diese. Es geht darum, sich – kurzzeitig – etwas möglichst genau einzuprägen.

AE $ € + -][9? b:
>> §# °* @® 2F
!? c3 gh %& ;Z

ÜBUNG 379

Streng dich mal an!

Sprachgedächtnis

Schreibe so viele Wörter, die mit den Buchstaben „En" anfangen, auf, wie dir einfallen. Beispiel: Ende, England, Ente ...

....

ÜBUNG 380

Ein Seepferdchen gleicht sich mit Seepferdchen A aufs Haar. Welches?

Vergleichsbild

GEDÄCHTNIS

ÜBUNG 381

5 Zwillingspärchen gesucht!

Vergleichsbild

Welche Schnecken gleichen sich wie ein Ei dem anderen?

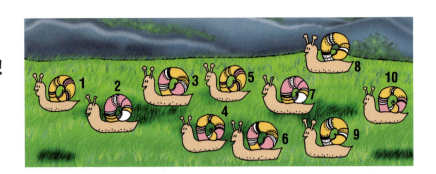

ÜBUNG 382

Kommst du drauf? Welche dieser Formen entspricht am ehesten den Umrissen Südamerikas?

Optisches Gedächtnis

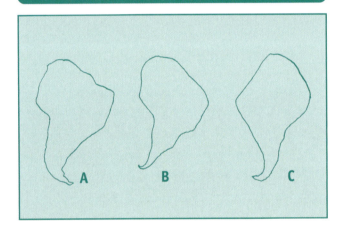

ÜBUNG 384

Zimmer aufräumen!

Sprachgedächtnis

Du musst dein Zimmer aufräumen. Weil du das schon recht lange nicht mehr getan hast, findest du eine Menge Dinge wieder, von denen du gedacht hattest, sie seien verloren. Sieh dir die Liste genau an und decke sie dann ab. Schreibe schließlich aus dem Gedächtnis so viele Dinge wie möglich auf.

Radiergummi	Kartenspiel
Mickey-Maus-Heft	Spiele-DVD
Bleistift	Zwei-Euro-Münze
Butterbrotdose	Kaugummi, neu
Coladose	Kaugummi, gebraucht
Springseil	Stundenplan

ÜBUNG 383

Merke dir, wann folgende Stürme auftreten.

Sprachgedächtnis

Blizzard	Winter
Taifun	Juli bis November
Monsun	Ganzjährig
Tornado	März bis Oktober
Schirokko	Frühjahr, Herbst
Föhn	Ganzjährig
Bora	Winter

Decke nun die linke Liste ab und füge die korrekten Zeiträume des Jahres zu den verschiedenen Windarten hinzu. An was kannst du dich noch erinnern?

Föhn: _____
Monsun: _____
Taifun: _____
Schirokko: _____
Bora: _____
Blizzard: _____
Tornado: _____

100

GEDÄCHTNIS

ÜBUNG 385

Lies dir folgende Geschichte aufmerksam durch und beantworte die Fragen, ohne noch einmal in der Geschichte nachzusehen.

Sprachgedächtnis

Um zu verstehen, wie eine Batterie funktioniert, musst du zunächst wissen, was elektrischer Strom eigentlich ist. Elektrischer Strom besteht aus fließenden Elektronen. Wichtig ist noch, dass die Elektronen in einem geschlossenen Kreislauf fließen. Man nennt diesen Kreislauf Stromkreis. Das Ganze kannst du dir so ähnlich wie Wasser vorstellen, das durch eine Leitung fließt. Damit das Wasser durch die Leitung fließen kann, braucht man eine Pumpe. Auch für den elektrischen Strom benötigt man so etwas in der Art. Eine Batterie ist nun eine solche „Elektronenpumpe".

1. Woraus besteht elektrischer Strom?
2. Was könnte man noch zu einer Batterie sagen?

ÜBUNG 386

Welcher Schatten gehört zu dem Pferd?

Schattenriss

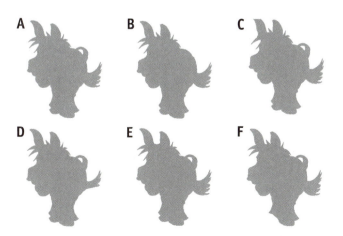

ÜBUNG 387

Terminkalender

Sprachgedächtnis

Marlene hat nach der Schule einen vollen Terminkalender. Lies ihn aufmerksam durch und schreibe dann Marlenes Tagesablauf aus dem Gedächtnis so detailliert wie möglich auf.

14 Uhr: Nach Hause mit Mutti
15 Uhr: Telefonieren mit Gabi
16 Uhr: Jazz-Gymnastik
18 Uhr: Telefonieren mit Gabi und Hausaufgaben
19 Uhr: Abendessen
20 Uhr: Fernsehen
21 Uhr: Zu Bett gehen

ÜBUNG 388

Wie viel weißt du noch?

Zahlengedächtnis

Präge dir die folgenden Zahlen ein und schreibe so viele wie möglich aus dem Gedächtnis auf.

3 45 67 104 222 71 13

ÜBUNG 389

Farben

Sprachgedächtnis

Sieh dir die folgenden Wörter ganz kurz (nur eine bis zwei Sekunden) an. Decke sie dann mit einem Stück Papier ab und schreibe so viele wie möglich aus dem Gedächtnis auf.

Blau, Grün, Violett, Rot, Gelb

GEDÄCHTNIS

ÜBUNG 390

Lies folgende Geschichte durch und beantworte die Fragen, ohne noch einmal nachzusehen.

Sprachverständnis

Der belgische Geiger Joseph Merlin (1735–1803) sorgte beim festlichen Maskenball in London für eine ganz besondere Sensation. Er hatte sich in den Kopf gesetzt, einen ganz besonderen und spektakulären Auftritt zu inszenieren. Und tatsächlich wurde sein Auftritt für alle Gäste unvergesslich. Er montierte sich nämlich Räder an die Schuhe und rollte mit seinen selbst gebauten Rollschuhen Geige spielend in den Saal. Leider hatte er sich keine Gedanken darüber gemacht, wie man bremst, und deshalb krachte er in einen teuren Spiegel. Natürlich ging der Spiegel zu Bruch, die Geige überlebte den Zusammenstoß auch nicht und Merlin wurde schwer verletzt.

1. In welchem Jahrhundert lebte Joseph Merlin?
2. Was bremste seine Fahrt?

ÜBUNG 391

Buchstabenkombinationen

Sprachgedächtnis

Betrachte die folgenden 15 Buchstabenkombinationen eine Minute lang. Notiere anschließend so viele davon, wie du dir merken konntest.

KN   RE   HZ   XS   BG   LP

WK   OS   ZB   WD   JU

AS   RF   HN   TV

ÜBUNG 392

Einkaufszettel

Sprachgedächtnis

Lies dir den folgenden Einkaufszettel zweimal in Ruhe durch. Dann decke die Liste ab und schreibe aus dem Gedächtnis so viele Waren wie möglich auf.

1 Kilogramm Kartoffeln
10 Eier
2 Liter Milch
500 Gramm Hackfleisch
12 Bund Schnittlauch
2 Zitronen
6 Äpfel
1 Packung Waschmittel
1 Eis

ÜBUNG 393

Welcher Ausschnitt gehört nicht in das Bild?

Puzzle

102

GEDÄCHTNIS

ÜBUNG 394

Zu welcher Lokomotive gehört der Schatten?

Schattenriss

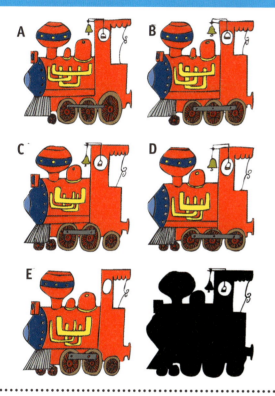

ÜBUNG 395

Symbole

Optisches Gedächtnis

Nimm dir für diese Aufgabe so viel Zeit, wie du willst. Es geht darum, sich alle Symbole einzuprägen und danach alle nennen zu können.

ÜBUNG 396

Sternzeichen

Sprachgedächtnis

Wir kennen zwölf Sternzeichen, deren Namen du bestimmt schon gehört hast. Die Wissenschaftler nennen die Sternzeichen aber nicht bei ihrem deutschen Namen, sie verwenden einen lateinischen für sie. Wir haben dir hier in einer Liste einmal den deutschen und den lateinischen Namen aufgeschrieben.

Löwe – Leo
Skorpion – Scorpio
Wassermann – Aquarius
Schütze – Sagittarius
Zwillinge – Gemini
Steinbock – Capricornus
Stier – Taurus
Jungfrau – Virgo
Fische – Pisces
Widder – Aries
Waage – Libra
Krebs – Cancer

Sieh dir die Liste in Ruhe an und deck sie dann zu. Schreibe nun hinter die lateinischen Namen die entsprechenden deutschen Begriffe.

Leo: _____
Scorpio: _____
Aquarius: _____
Sagittarius: _____
Gemini: _____
Capricornus: _____
Taurus: _____
Virgo: _____
Pisces: _____
Aries: _____
Libra: _____
Cancer: _____

103

GEDÄCHTNIS

ÜBUNG 397

Hast du ein gutes Erinnerungsvermögen?

Sprach- und Zahlengedächtnis

Hier findest du Wörter, Zahlen und Symbole bunt gemischt. Sieh sie dir kurz (circa 30 Sekunden) an. Decke sie dann mit einem Stück Papier ab und schreibe so viele wie möglich aus dem Gedächtnis auf.

Schule 0 Freundin ! Ferien + Mathematik 0815

ÜBUNG 398

Lies die folgende Geschichte aufmerksam durch. Decke sie dann ab und beantworte die Fragen.

Sprachgedächtnis

Mia geht immer spätestens um 18 Uhr in den Supermarkt einkaufen, aber heute ist es 18:30 Uhr, als sie durch die Tür kommt. Glücklicherweise ist noch genug frischer Käse und Wurst für sie da. Nur bei der Milch hat Mia Pech: Anstatt der frischen Milch, die sie wollte, kann sie bloß noch H-Milch ergattern. Apfelsaft, Konfitüre, Katzenfutter, Frühstücksflocken – bald ist der Einkaufswagen von Mia angefüllt. Sie geht zur Kasse, zahlt mit Karte und erst daheim merkt sie, dass sie in ihrer Eile das Brot vergessen hat.

1. Was hat Mia gekauft?
2. Was hat sie nicht bekommen bzw. vergessen?
3. Um wie viel später als sonst betritt Mia den Supermarkt?

ÜBUNG 399

Stundenplan

Sprachgedächtnis

Sieh dir einmal Sabines Stundenplan gut an. Decke ihn dann ab und versuche, ihn aus dem Gedächtnis aufzuschreiben.

Montag	Dienstag	Mittwoch	Donnerstag	Freitag
Deutsch	Mathe	Erdkunde	Physik	Musik
Deutsch	Mathe	Deutsch	Geschichte	Englisch
Kunst	Sport	Kunst	Englisch	Biologie
Kunst	Sport	Englisch	Englisch	Deutsch
Erdkunde	Biologie	Englisch	Mathe	Deutsch
Mathe	Physik	Musik	Sport	Mathe

ÜBUNG 400

Welcher der fünf Bildausschnitte gehört tatsächlich in die Zeichnung?

Puzzle

104

GEDÄCHTNIS

ÜBUNG 401

Genau geschaut!

Vergleichsbild

In jedem Feld befindet sich ein Teil, das in den anderen nicht zu sehen ist. Um welche drei Teile handelt es sich?

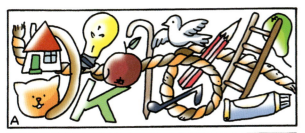

ÜBUNG 402

Für Gedächtnisgenies

Wort- und Zahlengedächtnis

Hier findest du Wörter, Zahlen und Symbole bunt gemischt. Sieh sie dir kurz (circa 30 Sekunden) an. Decke sie dann mit einem Stück Papier ab und schreibe so viele wie möglich aus dem Gedächtnis auf.

44 Seil / Dach [5 Haus

ÜBUNG 403

Los geht's!

Sprachgedächtnis

Schreibe so viele Wörter, die mit den Buchstaben „ing" aufhören, auf, wie dir einfallen. Beispiel: Ding, Frühling, Schmetterling ...

ÜBUNG 404

Spirale

Optisches Gedächtnis

Richte deine Aufmerksamkeit ausschließlich auf diese Spirale. Du kannst die Spirale in zwei verschiedenen Perspektiven sehen. Zum einen liegend, zum anderen stehend. Versuche, die Perspektive beim Betrachten mehrmals zu wechseln.

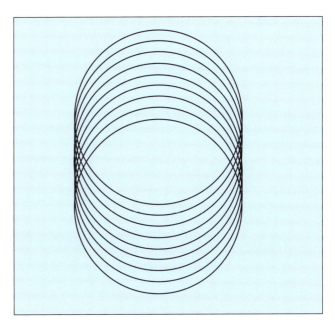

105

GEDÄCHTNIS

ÜBUNG 405

Symbole

Optisches Gedächtnis

Betrachte die unteren sieben Zeichen 30 Sekunden lang. Notiere anschließend so viele davon, wie du dir merken konntest.

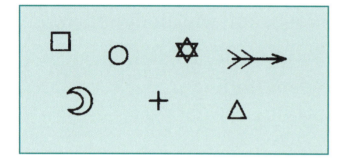

ÜBUNG 406

Urlaubsbericht

Sprachgedächtnis

Markus erzählt von seiner Reise mit dem Zug. Lies dir das Ganze aufmerksam durch. Decke dann die Geschichte ab und schreibe in der richtigen Reihenfolge auf, wie Markus' Reise verlaufen ist.

Erst sind wir nach Holland gefahren,
zwei Nächte waren wir in Amsterdam,
dann noch kurz in Rotterdam,
dann fuhren wir weiter quer durch Belgien und Frankreich,
dann weiter nach Spanien,
erst nach Madrid und dann nach Barcelona,
dann das Meer entlang zur Côte d'Azur,
am Schluss noch nach Italien,
dann ist uns das Geld ausgegangen,
deswegen sind wir mit dem Zug nach Hause gefahren,
mit dem Sonnenbrand meines Lebens!

ÜBUNG 407

Welcher Schatten gehört zu der Ente?

Schattenriss

ÜBUNG 408

Berufe

Sprachgedächtnis

Sieh dir die folgenden Wörter ganz kurz (nur eine bis zwei Sekunden) an. Decke sie dann mit einem Stück Papier ab und schreibe so viele wie möglich aus dem Gedächtnis auf.

Bäcker, Kellner, Lehrer, Mondlandung, Chemiker, Geologe, Sekretärin, Apotheker, Autor

GEDÄCHTNIS

ÜBUNG 409

Merke dir folgende Namen und Eigenschaften nach zweimaligem Lesen und schreibe dann die richtigen Namen zu den jeweiligen Kennzeichen.

Sprachgedächtnis

Frau Maibach: Dauerwelle
Doktor Gruber: Hornbrille
Sammy: Freund von Anette
Sonja: Krankenschwester
Gabi: anrufen
Rudi: füttert die Fische
Frau Bachmeier: rauchige Stimme

anrufen: _____
Hornbrille: _____
füttert die Fische: _____
Dauerwelle: _____
Krankenschwester: _____
Freund von Anette: _____
rauchige Stimme: _____

ÜBUNG 410

Buchstabenkombinationen

Sprachgedächtnis

Betrachte die folgenden acht Buchstabenkombinationen 30 Sekunden lang. Notiere anschließend so viele davon, wie du dir merken konntest.

HJ
   IZ   LK
   FD   BN   KL
   YA   ÖP

ÜBUNG 411

Zahlen über Zahlen

Zahlengedächtnis

Sieh dir die folgenden Zahlen kurz (circa 30 Sekunden) an. Decke sie dann mit einem Stück Papier ab und schreibe so viele wie möglich aus dem Gedächtnis auf.

5782146
5744636
8453649

ÜBUNG 412

Nur ein Teil passt in die Lücke. Welches?

Puzzle

GEDÄCHTNIS

ÜBUNG 413

Jetzt ist dein Gedächtnis gefragt!

Sprachgedächtnis

Schreibe so viele Wörter, die mit den Buchstaben „Br" anfangen, auf, wie dir einfallen. Beispiel: Bratwurst, Brett, Brücke ...

ÜBUNG 414

Synonyme

Sprachgedächtnis

Oft kannst du unterschiedliche Wörter verwenden, um dasselbe auszudrücken. Suche so viele unterschiedliche Wörter, wie dir einfallen, um „fröhlich" auszudrücken.

ÜBUNG 415

Lies dir den folgenden Text durch und beantworte die Fragen, ohne noch einmal in der Geschichte nachzusehen.

Sprachverständnis

Normalerweise besteht Beton aus Sand oder Kies, Zement und noch einigen weiteren Zusatzstoffen. Für das Aushärten des Betons spielt dabei der Zement die entscheidende Rolle. Ganz wichtig für die chemischen Prozesse, die den Zement hart werden lassen, ist Wasser. Das ist hier also ganz anders als beim Brennen von Ton. Der wird schließlich erst hart, wenn man ihm das Wasser entzieht. Aber zurück zum Zement. Zement ist ein meist graues Pulver aus Kalkstein, Ton, Sand und Eisenerz.

1. Aus welchen Bestandteilen besteht Beton?
2. Welche Farbe hat Zement?

ÜBUNG 416

Kommst du drauf?

Puzzle

Nur fünf der unteren Bildausschnitte stammen aus der Abbildung. Die restlichen sind verändert worden. Wenn du die Buchstaben der fünf unveränderten Ausschnitte der Reihenfolge nach liest, erhältst du das gesuchte Lösungswort.

ÜBUNG 417

Wie gut ist dein Gedächtnis?

Zahlengedächtnis

Sieh dir die folgende Zahl kurz (circa 30 Sekunden) an. Decke sie dann mit einem Stück Papier ab und schreibe sie aus dem Gedächtnis auf.

07854963712

GEDÄCHTNIS

ÜBUNG 418

Was fällt dir dazu ein?

Sprachgedächtnis

Schreibe so viele Wörter, die mit den Buchstaben „at" aufhören, auf, wie dir einfallen.
Beispiel: Monat, Rat, Tat ...

ÜBUNG 419

Lebensmittel

Sprachgedächtnis

Sieh dir die folgenden Wörter ganz kurz (nur eine bis zwei Sekunden) an. Decke sie dann mit einem Stück Papier ab und schreibe so viele wie möglich aus dem Gedächtnis auf.

Milch, Brot, Butter, Käse, Müsli, Obst

ÜBUNG 420

Lies folgende Geschichte durch und beantworte die Fragen, ohne noch einmal in der Geschichte nachzusehen.

Sprachgedächtnis

Bauer Heinrich pflanzt Mais, Hafer und Weizen auf seinen Feldern an. Reis, Spargel und Kohl hat er nicht auf seinen Feldern. Hanf und Raps will er vielleicht demnächst anbauen, denn dafür bekommt er gute Preise.

1. Was baut Bauer Heinrich an?
2. Was will er vielleicht demnächst einmal anbauen?

ÜBUNG 421

Auf dem Jahrmarkt

Sprachgedächtnis

Es ist wieder Jahrmarkt. Du gehst mit deinem Freund über den Festplatz und siehst viele Dinge. Sieh dir folgende Liste genau an und decke sie anschließend ab. Schreibe dann aus dem Gedächtnis so viele Dinge wie möglich auf.

Riesenrad
Geisterbahn
Zuckerwatte
Pommes
Autoskooter
Achterbahn
Kettenkarussell
Losbude
Hau den Lukas

Videospielautomaten
drei Punks
Eisverkäufer
Schießbude
Pfeilwerfen
Familie mit Zwillingstöchtern
Hot-Dog-Stand
bunte Luftballons

ÜBUNG 422

Welcher Schatten gehört zu dem Bauern?

Schattenriss

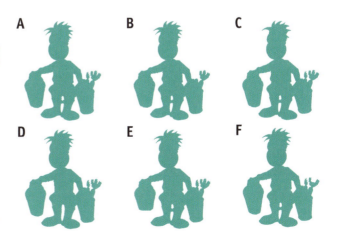

109

GEDÄCHTNIS

Lösungen

Lösung 352: y, r, e und n

Lösung 354: 1. aus Griechenland, 2. unteilbar

Lösung 356: a und f, b und g, c und h, d und i, e und k, j und l

Lösung 360: zum Beispiel Krach, Kraft, Kragen, Kralle, Kram, Krankheit, Kranz, Krater, Kratzer, Krebs, Kreide, Kreis, Kresse, Kreuz, Krieg, Krimi, Kritik, Krokant, Krokodil, Krone, Kröte, Krücke, Krug, Krümel, Kruste und viele andere mehr. Sind deine Einfälle auch dabei?

Lösung 361: 1. Manfred, 2. Kai, braun; Marie, rot, 3. Giraffen, Elefanten, Riesenschildkröten, Löwen, Robben, Tiger, 4. Schildkröten

Lösung 362: Die zweite Palette von rechts in der ersten Reihe und die erste Palette von links in der dritten Reihe sind gleich.

Lösung 363: 1. bereits vor 4000 Jahren, 2. in Babylonien, dort, wo heute das Land Syrien liegt

Lösung 364: Das Spiegelbild in der zweiten Reihe ganz links ist das richtige.

Lösung 371: 1. in Fahrenheit, 2. Wissenschaftler

Lösung 372: zum Beispiel gemächlich, Zeit vergeudend, bedächtig, behäbig, lahm, träge, schleichend. Sind deine Einfälle auch dabei?

Lösung 373: zum Beispiel Art, Bart, Bert, Fahrt, Geburt, Gegenwart, Gurt, Hundert, Jogurt, Konzert, Kurt, Ort, Schwert, Sport, Spurt, Start, Transport, Wert, Wirt, Wort und viele andere mehr. Sind deine Einfälle auch dabei?

Lösung 377: 1. Willow, Xander und Cordelia, 2. Sunnydale, 3. vier (Buffy, Willow, Xander, Cordelia)

Lösung 379: zum Beispiel Ende, Entdecker, Enge, Engel, England, Enkel, Ente, Entfernung, Entlassung, Entschuldigung, Entsetzen, Enzian und viele andere mehr. Sind deine Einfälle auch dabei?

Lösung 380: das Seepferdchen mit der Nummer 9

Lösung 381: 1 und 5, 2 und 7, 3 und 6, 4 und 10, 8 und 9

Lösung 382: Skizze A

Lösung 385: 1. aus fließenden Elektronen, 2. Eine Batterie ist eine Art Pumpe, die dafür sorgt, dass der Strom durch die Leitung fließt.

Lösung 386: Schatten A ist richtig.

Lösung 390: 1. im 18. Jahrhundert, 2. ein Spiegel

Lösung 393: Der vierte Ausschnitt von links gehört nicht zu dem Bild.

Lösung 394: C ist richtig.

Lösung 398: 1. Käse, Wurst, H-Milch, Apfelsaft, Konfitüre, Katzenfutter, Frühstücksflocken, 2. frische Milch, Brot, 3. eine halbe Stunde später

Lösung 400: Ausschnitt E

Lösung 401: A Apfel, B Würfel, C Hammer

Lösung 403: zum Beispiel Camping, Däumling, Ding, Eindringling, Engerling, Fäustling, Feigling, Häftling, Hering, Jüngling, Lehrling, Liebling, Mischling, Ohrring, Ring, Schädling, Sträfling, Training, Zwilling und viele andere mehr. Sind deine Einfälle auch dabei?

Lösung 407: T ist richtig.

Lösung 412: das Teil mit dem Buchstaben s

Lösung 413: zum Beispiel Brand, Brasilien, Bratapfel, Braten, Bratwurst, Brauch, Brauerei, Braunbär, Brause, Braut, Brei, Breite, Bremse, Brett, Brezel, Brief, Brillant, Brille, Brokkoli, Brombeere, Brösel, Brot, Bruch, Brücke, Bruder, Brühe, Brunnen, Brust, Brut und viele andere mehr. Sind deine Einfälle auch dabei?

Lösung 414: zum Beispiel ausgelassen, beglückt, beschwingt, erheitert, fidel, froh gelaunt, frohgemut, gut drauf, gut gelaunt, heiter, lustig, munter. Sind deine Einfälle auch dabei?

Lösung 415: 1. aus Sand oder Kies, Zement und noch einigen weiteren Zusatzstoffen, 2. Grau

Lösung 416: STUTE

Lösung 418: zum Beispiel Akrobat, Apparat, Diktat, Format, Grat, Heirat, Kandidat, Monat, Pirat, Quadrat, Rat, Saat, Salat, Soldat, Spagat, Spinat, Staat, Tat, Verrat, Vorrat, Zitat, Zutat und viele andere mehr. Sind deine Einfälle auch dabei?

Lösung 420: 1. Mais, Hafer, Weizen, 2. Hanf, Raps

Lösung 422: Schatten A ist richtig.

110

Reaktion

„Eine gute Reaktion brauche ich beim Sport oder wenn ich Playstation® spiele, aber was hat das mit meiner Intelligenz zu tun?", wirst du dich vielleicht fragen, wenn du die Überschrift dieses Kapitels liest. Eine ganze Menge, können wir dir da nur sagen.

Es kommt ja nicht immer nur darauf an, dass du eine Aufgabe oder ein Problem überhaupt lösen kannst. Manchmal muss das Ganze auch noch schnell gehen.
Stell dir einmal vor, du kommst ins Badezimmer und siehst, dass die Badewanne überläuft. Damit dort, wo früher euer Badezimmer war, kein Schwimmbad entsteht, solltest du möglichst schnell zum Wasserhahn flitzen, ihn zudrehen und das Wasser vom Fußboden aufwischen. Dabei solltest du dir nicht zu viel Zeit lassen, da es sonst den Leuten in der Wohnung unter euch auf den Kopf regnen würde. Setzt du dich aber erst einmal hin und überlegst, was wohl passiert sein könnte und wie man da am besten reagieren könnte, bekommst du nicht nur einen nassen Hosenboden, es können auch noch weitere schlimme Schäden entstehen. Wie du deine Reaktion – oder auch Wahrnehmungsgeschwindigkeit – am besten trainieren kannst, zeigen wir dir mit den folgenden Aufgaben. Auch hier ist es wieder wichtig, nicht zu mogeln. Nimm ruhig eine Uhr und schreibe dir die Zeit auf, die du für die Lösung der Aufgaben benötigst. So kannst du sehen, dass du nach ein wenig Übung immer schneller reagierst. Außerdem solltest du zunächst versuchen, die Aufgaben ohne Hilfsmittel zu lösen. Nur wenn das nicht klappt, kannst du auch Zettel und Stift zu Hilfe nehmen und es noch einmal versuchen. Jetzt wünschen wir dir viel Spaß und eine schnelle Reaktion!

ÜBUNG 423

Welches der drei Etiketten gehört zu der Tasche?

Labyrinth

ÜBUNG 424

Finde unter den Buchstaben und Zahlen am besten ohne Hilfsmittel möglichst schnell alle r, v, s, f und o heraus. Wie viele sind es?

Buchstaben- und Zahlenreihe

y4zs5p6b2d3e4c5f6jokl2m3nq7r8s9t
0uli0jlkl2m3nq7r8s9t0u1vw2d3e4c5
f6g7h8i0jlvw2xa143y4zo5p6b2d3eg
7h8i0j1kl2m3nq7z8s9t0u1vw2xa143
y4zo5p6b23y4zo5p6b2d3e4c5f6g7h8
i04c5f6g7h8s0jlkl2m3nq7r8s9t0ulv
w2xa14xo1431kl2v3nqvw2xa143y4zo
56b2d3e4c5f6g7h8i0j1kl2o3nq7r8s9
t0u1vw2xa143y4zo5p6b2d3e4c5f6g7
h87r8s9t0ukyzntban

111

REAKTION

ÜBUNG 425

Im unteren Bild haben sich zehn Fehler eingeschlichen. Wer kann sie entdecken?

Vergleichsbild

ÜBUNG 426

Siehst du die Wörter?

Buchstabenreihe

In der folgenden Reihe haben wir ein paar Wörter versteckt. Finde sie so schnell wie möglich.

buchskodfnwoidgöjhausbaumfdälkjgebäomsfhbm rtujschulesrtjuilrätseletzkruk

ÜBUNG 427

Finde möglichst schnell heraus, welcher Buchstabe mit welcher Zahl verbunden ist.

Labyrinth

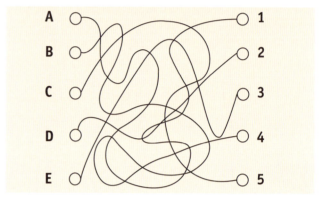

ÜBUNG 428

Konzentriere dich und versuche, die Aufgabe so schnell wie möglich zu lösen.

Buchstabenreihe

In diesem „d2"-Test geht es darum, so schnell wie möglich alle d-Zeichen mit zwei Punkten herauszufinden. Dabei können die Punkte darüber, darunter sowie sowohl darüber und darunter angebracht sein.

REAKTION

ÜBUNG 429

Welche dieser acht schwarzen Hexen stimmt mit der Hexe in der Mitte überein?

Schattenriss

ÜBUNG 430

Versuche bei dieser Übung, so viele Zahlen wie möglich von 1 bis 25 zu verbinden, ohne sie zu markieren.

Suchbild

8	7	14	1	21	6
3	17	25	13		20
			9	16	
12	23	19	2	24	10
4	11				
	18	15	22		5

ÜBUNG 431

Trainiere deine Reaktion!

Buchstaben- und Zahlenreihe

Präge dir die folgenden Buchstaben und Zahlen möglichst schnell ein, decke die Vorlage ab und nenne dann so viele wie möglich.

V		Z		F
	J		P	F
M		N		
	7		0	1
A	3		S	4

ÜBUNG 432

Und los gehts!

Bilderrätsel

Präge dir die folgenden Symbole möglichst schnell ein, decke die Vorlage dann ab und nenne dann so viele wie möglich.

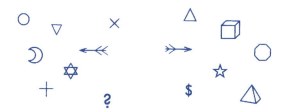

ÜBUNG 433

Alle Vögel sind schon da …

Buchstabenreihe

In der folgenden Reihe haben wir vier Vogelarten versteckt. Kannst du sie finden?

Amseletzewrzdrosselsrthsrthbsffinkasdrgwtzstar

113

REAKTION

ÜBUNG 434

Verfolge die Linien mit dem bloßen Auge und finde möglichst schnell heraus, welcher Buchstabe mit welcher Zahl verbunden ist.

Labyrinth

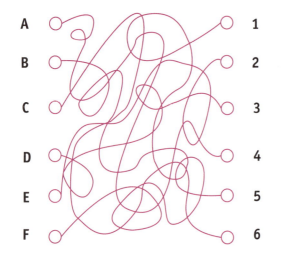

ÜBUNG 435

Suche unter den folgenden Buchstaben so schnell wie möglich diejenigen Paare heraus, die im Alphabet aufeinanderfolgen (ab, ij, yz ...).

Buchstabenreihe

ÜBUNG 436

Welcher der sechs Schatten passt zum Kaktus in der Mitte?

Schattenriss

ÜBUNG 437

Auf die Plätze, fertig, los!

Bilderrätsel

Bei der folgenden Übung findest du mehrere Kreise, Striche, Dreiecke und Quadrate. Ein Kreis steht für die Zahl 1, ein Strich für die 2, ein Dreieck für die 3 und ein Quadrat für die 4. Übersetze die Symbole so schnell wie möglich in ihren jeweiligen Zahlenwert und addiere alle Zahlen.

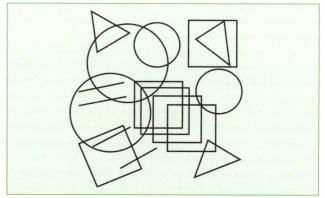

114

REAKTION

ÜBUNG 438

Buchstabengewirr

Buchstabenreihe

In diesem Buchstabengewirr sind einige „echte" Wörter. Richtig sortiert ergeben sie einen Lösungssatz.

gadfgbistasdrtzhrätselmeisterhstrhwloduöätlrugj
vhsöklechterpöueeeinpoiuztr

ÜBUNG 439

Zähle möglichst schnell von 1 bis 35, indem du mit dem Finger auf die jeweilige Zahl im Kästchen tippst.

Suchbild

25	18	1	10	2
13	31	9	21	33	17
7	34		6	35
	28	27	15	11
22		5	32	20
		12		29
16	30		19	26
8	24	4	23	14	3

ÜBUNG 440

Wie oft findest du dieses Zeichen ↕?

Symbolreihe

ÜBUNG 441

Genau geschaut

Labyrinth

Unser Astronaut musste eine Reparatur am Hitzeschild vornehmen. Nur ein Weg führt ihn durch das Labyrinth wieder zu seinem Raumschiff. Welcher?

ÜBUNG 442

Los geht's!

Buchstabenreihe

Wie oft findest du in der folgenden Grafik die Buchstabenkombination dad? Zähle dabei senkrecht, waagrecht und diagonal.

a	d	d	a
d	a	d	d
d	a	a	a
d	a	d	a

115

REAKTION

ÜBUNG 443

Versuche bei dieser Übung, so viele Zahlen wie möglich von 1 bis 25 zu verbinden, ohne sie zu markieren.

Suchbild

12	3		5		9
	18		2		13
22		14			
7			20		6
	25	10		17	24	21
4	15		1			16
	19		23	8	11	

ÜBUNG 444

Für Schnell-Checker!

Bilderrätsel

Bei der folgenden Übung findest du mehrere Kreise, Striche, Dreiecke und Quadrate. Ein Kreis steht für die Zahl 1, ein Strich für die 2, ein Dreieck für die 3 und ein Quadrat für die 4. Übersetze die Symbole so schnell wie möglich in ihren jeweiligen Zahlenwert und addiere alle Zahlen.

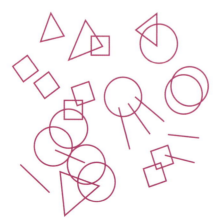

ÜBUNG 445

Welcher der acht Schatten passt zur Geburtstagstorte in der Mitte?

Schattenriss

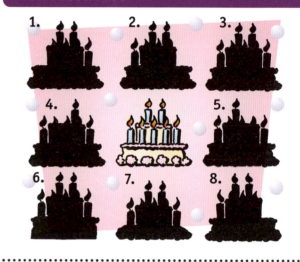

ÜBUNG 446

Bei dieser Aufgabe geht es darum, nur durch das Verfolgen der Linien mit dem bloßen Auge möglichst schnell herauszufinden, welcher Buchstabe mit welcher Zahl verbunden ist.

Labyrinth

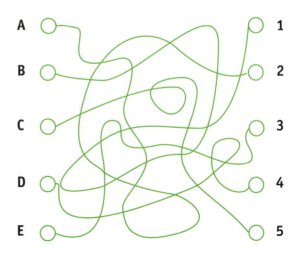

116

REAKTION

ÜBUNG 447

Zähle möglichst schnell von 1 bis 30, indem du mit dem Finger auf die jeweilige Zahl im Kästchen tippst.

Suchbild

7		27	19		6	21
14	1	11	23	28	12	
	29			8	2	25
	20	26	30	22	17	
	3			13		
	16	18		24	5	15
4	9			10		

ÜBUNG 448

Los gehts!

Buchstabenreihe

In der folgenden Buchstabenreihe sind einige V und W versteckt. Finde heraus, wie viele es jeweils sind.

QVVSWASWVJIWEVVWRTZWVUJWWHÜVNWCVWMW
VWVVVWPSRWIVTWZROWVÜWQASWVSWÖLVWVDG
WJÖVWKVBWNYVÖWWJWVIÜPOWRVVTWUIWOPVW
VWVVWRUQERWKVWJSVHWNMWVÖÖWVLDKWJVW

ÜBUNG 449

Trainiere deine Reaktion!

Buchstaben- und Zahlenreihe

Präge dir die folgenden Symbole ein, decke die Vorlage ab und nenne dann so viele wie möglich.

ÜBUNG 450

Verfolge die Linien mit dem bloßen Auge und finde möglichst schnell heraus, welcher Buchstabe mit welcher Zahl verbunden ist.

Labyrinth

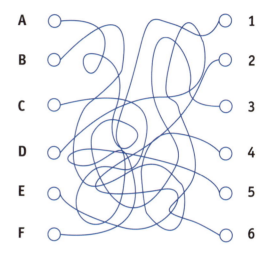

ÜBUNG 451

Buchstabengewirr

Buchstabenreihe

Welche Wörter sind hier versteckt?

Efqgwtzrätselkönigwrztwrztwquizmeisterinw

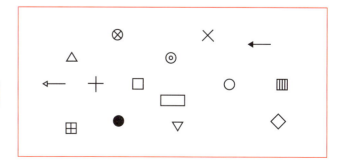

117

REAKTION

ÜBUNG 452

Wenn die Linien Wege wären, wie käme man zum Apfel und zur Birne?

Labyrinth

ÜBUNG 453

Sport macht Spaß!

Buchstabenreihe

In der folgenden Reihe haben wir drei Sportarten versteckt. Welche Sportarten sind das?

REWGEHOCHSPRUNGUYXZGVSIUHGOERWIJGMCP
GJESCHWIMMENAOPSIDÖODSFJÖOKWVNWHOCKEY

ÜBUNG 454

Wie gut ist deine Reaktion?

Buchstabenreihe

In dem folgenden „d2"-Test geht es darum, so schnell wie möglich alle d-Zeichen mit zwei Punkten herauszufinden. Dabei können die Punkte darüber, darunter oder sowohl als auch angebracht sein.

ÜBUNG 455

Zähle möglichst schnell von 1 bis 35, indem du mit dem Finger auf die jeweilige Zahl im Kästchen tippst.

Suchbild

26	2		17	15	3	11
22	34	1		25	21	7
			31		23	
32		20			27	10
		9				4
19	28		35		5	16
8	14				24	29
13	33		30		12	18

118

REAKTION

ÜBUNG 456

Mastwache

Schattenriss

Dieser Junge hat Mastwache. Die fünf Schatten sehen scheinbar gleich aus. Doch nur ein Schatten stimmt überein. Welcher ist es?

ÜBUNG 457

Suche unter diesen Buchstaben möglichst schnell diejenigen waagerechten Paare heraus, die im Alphabet aufeinanderfolgen – und zwar umgekehrt, das heißt von hinten nach vorn (ba, nm, zy …).

Buchstabenreihe

q r k m n a c z y a s k t n q o c u w j x w b o y v t e k f i j
b v u m x z n u l g a f t s b j k s t n o e f r q z e b l y v w
p n g p o q r s t e f g h l k e x z t n l a y f j i z b t m r g o
k h g f g r t n x w l b z f e f z t w n p l g a d c u v f b r z n
o p b a z u m n b l p l u e i d h

ÜBUNG 458

Verfolge die Linien mit dem bloßen Auge und finde möglichst schnell heraus, welcher Buchstabe mit welcher Zahl verbunden ist.

Labyrinth

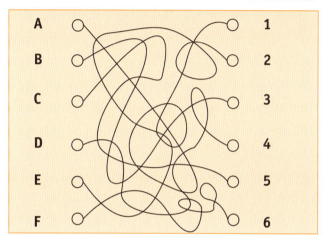

ÜBUNG 459

Zähle möglichst schnell von 1 bis 35, indem du mit dem Finger auf die jeweilige Zahl im Kästchen tippst.

Suchbild

REAKTION

ÜBUNG 460

Bei dieser Aufgabe geht es darum, nur durch das Verfolgen der Linien mit dem bloßen Auge möglichst schnell herauszufinden, welcher Buchstabe mit welcher Zahl verbunden ist.

Labyrinth

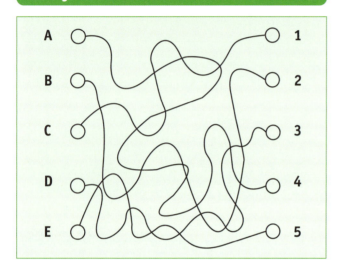

ÜBUNG 461

Finde unter den folgenden Buchstaben und Zahlen möglichst schnell und ohne Hilfsmittel alle Vokale heraus.

Buchstaben- und Zahlenreihe

a 1 4 3 y 4 z o 5 p 6 b 2 d 3 e 4
c 5 f 6 g 7 h 8 7 r 8 s 9 t 0 u 1
v w 2 x a 1 4 3 y 4 z o 5 p 6 b 2
d 3 e g 7 h 8 i 0 j 1 k l 2 m 3 n
q 7 r 8 s 9 t 0 u 1 v w 2 x a 1 4
3 y 4 z o 5 p 6 b 2 3 y 4 z o 5 p
6 b 2 d 3 e 4 c 5 f 6 g 7 h 8 i 0
4 c 5 f 6 g 7 h 8 i 0 j 1 k l 2 m
3 n q 7 r 8 s 9 t 0 u 1 v w 2 x a
1 4 x a 1 4 3 y 4 z o 5 p 6 b 2 d
3 e 4 c 5 f 6 j 1 k l 2 m 3 n q 7

ÜBUNG 462

Zähle möglichst schnell von 1 bis 30, indem du mit dem Finger auf die jeweilige Zahl im Kästchen tippst.

Suchbild

25	23	1	8	
14	18	7	12	17	2
			26	30	11	29
10	19	3		27	
22		4			20
9		21	28	15
	16			
13	6		24	5

ÜBUNG 463

Das obere Bild unterscheidet sich vom unteren durch fünf Kleinigkeiten. Kannst du herausfinden, welche das sind?

Vergleichsbild

120

REAKTION

ÜBUNG 464

Welcher Schatten gehört im Bild rechts zu dem kleinen weißen Vogel?

Schattenriss

ÜBUNG 465

Konzentriere dich und versuche, die Aufgabe so schnell wie möglich zu lösen.

Buchstabenreihe

Finde alle d-Zeichen mit zwei Punkten heraus. Dabei können die Punkte darüber, darunter sowie sowohl darüber als auch darunter angebracht sein.

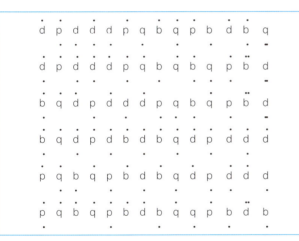

ÜBUNG 467

Wie schnell findest du die Lösung?

Buchstabenreihe

Wie oft findest du in der folgenden Grafik das Wort OMO? Zähle dabei senkrecht, waagerecht und diagonal.

O O O M
O M M O
O M O M
M O M O

ÜBUNG 466

Halte die Uhr bereit!

Bilderrätsel

Hier findest du Kreise, Striche, Dreiecke und Quadrate. Ein Kreis steht für die Zahl 1, ein Strich für die 2, ein Dreieck für die 3 und ein Quadrat für die 4. Übersetze die Symbole in ihren Zahlenwert und addiere diesen.

121

REAKTION

ÜBUNG 468

Für Profis!

Bilderrätsel

Bei der folgenden Übung findest du mehrere Kreise, Striche, Dreiecke und Quadrate. Ein Kreis steht für die Zahl 1, ein Strich für die 2, ein Dreieck für die 3 und ein Quadrat für die 4. Übersetze die Symbole so schnell wie möglich in ihren jeweiligen Zahlenwert und addiere alle Zahlen.

....

ÜBUNG 469

Zähle möglichst schnell von 1 bis 30, indem du mit dem Finger auf die jeweilige Zahl im Kästchen tippst.

Suchbild

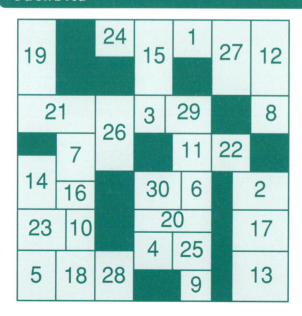

ÜBUNG 470

Aus dem Kinderzimmer!

Buchstabenreihe

In der folgenden Reihe haben wir in einem Buchstabengewirr fünf Spielsachen versteckt. Welche Spielsachen sind das?

aklsdfpuppeklfaskaslfksdlöballmnjertnjhhdkrtee
ereteddyäqwzuikrmnfbdgameboyjkejzunmjerkjuie
urbausteineztevnuplöäbferfmhreiomsder

....

ÜBUNG 471

Kommst du noch mit?

Buchstabenreihe

Versuche so schnell wie möglich herauszufinden, wie viele X und Y in den folgenden Reihen stehen.

XYXYXYXYXYXYXYYYXYXY
XXXYYXYXYXXXYXYYYX
XYXYXXYXXXYYXYXYYYX
XYXYXYXYYXYXYYYXX

....

ÜBUNG 472

Für Naschkatzen!

Buchstabenreihe

In der folgenden Reihe haben wir in einem Buchstabengewirr vier Süßigkeiten versteckt. Welche Süßigkeiten sind das?

kplakritzekieijfjskölökaugummipwergskfsbonbon
bcvsdbbnabschokoladeklkalsirnenrnje

122

REAKTION

ÜBUNG 473

Teste deine Reaktion!

Buchstabenreihe

Sieh dir die folgenden Buchstabenreihen an. Finde so schnell wie möglich jedes d und jedes b heraus. Wie viele sind es jeweils?

wbdebbddmvdbjxdgbsaldbqäedbbbprodbddtbdbn
öjbbbbdögbltbbidtzewbdakbqydxbmskdbbddepbr
dpbmbddddmbbghdtopbdddbbbdüerwblalmbnkbb

ÜBUNG 474

Suche unter den Buchstaben so schnell wie möglich alle Vokale (a, e, i, o, u) heraus.

Buchstabenreihe

abcmnopqrstuvwxyzdefghijklmnnop
qrstuvwxyzdefjklqrstuvwxyzdefghij
klmnopqrstuvwxyzdefghijabcmnopq
rfghijabcmnopqrstuvwxyzdefghijkjk
lqrstuvwxyzdefghijklmnopqrstuvwos

ÜBUNG 475

Jetzt wird's bunt!

Buchstabenreihe

In diesem Buchstabengewirr findest du einige Farben. Welche sind es? Aber aufgepasst: Es haben sich auch ein paar andere Wörter hierhin verirrt, die nichts mit den Farben zu tun haben.

Fhgerhtrotfingerasrhgsghgaulblauhausegjkgrünm
ybraunejghaldfgeldewhrgfajhbitwüähviolettdudel
deiorangejgkäaqdritjghjaöf

ÜBUNG 476

Versuche bei dieser Übung, so viele Zahlen wie möglich von 1 bis 25 zu verbinden, ohne sie zu markieren.

Suchbild

1	7		10	6
13	22	17	2	21
4	19		25	9
12		11		
		24		14
20	5		15	3
16			18	23	8

ÜBUNG 477

Bei dieser Aufgabe geht es darum, nur durch das Verfolgen der Linien mit dem bloßen Auge möglichst schnell herauszufinden, welcher Buchstabe mit welcher Zahl verbunden ist.

Labyrinth

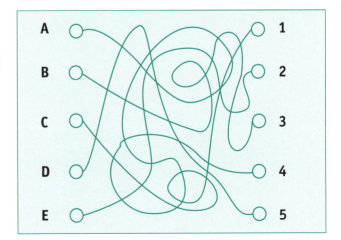

123

REAKTION

ÜBUNG 478

Bei dieser Aufgabe geht es darum, nur durch das Verfolgen der Linien mit dem bloßen Auge möglichst schnell herauszufinden, welcher Buchstabe mit welcher Zahl verbunden ist.

Labyrinth

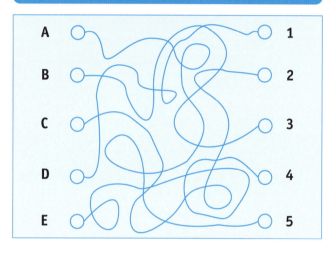

ÜBUNG 479

Dieser Computer ist verwirrt. Welche Maus ist mit ihm verbunden?

Labyrinth

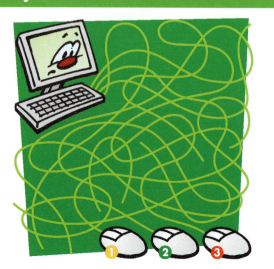

ÜBUNG 480

Versuche bei dieser Übung, so viele Zahlen wie möglich von 1 bis 25 zu verbinden, ohne sie zu markieren.

Suchbild

11		22		
18	1	7	17	4
6	14		21	12
	19	10	24	
25	9	5		15
13		16		
3	23	2	20	8

ÜBUNG 481

Wie viele z findest du in der folgenden Reihe?

Buchstabenreihe

zzlösloyhjezxiznmjznertztmzpläizzzzlzeruzer

ÜBUNG 482

Wie schnell bist du?

Symbolreihe

Wie oft findest du dieses Zeichen: ⊦ ?

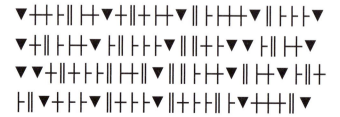

124

REAKTION

ÜBUNG 483

Wie schnell bist du?

Bilderrätsel

Bei der folgenden Übung findest du mehrere Kreise, Striche, Dreiecke und Quadrate. Ein Kreis steht für die Zahl 1, ein Strich für die 2, ein Dreieck für die 3 und ein Quadrat für die 4. Übersetze die Symbole so schnell wie möglich in ihren jeweiligen Zahlenwert und addiere alle Zahlen.

ÜBUNG 484

Finde unter den folgenden Buchstaben so schnell wie möglich alle Vokale (a, e, i, o, u) heraus. Wie viele sind es?

Buchstabenreihe

e	f	g	h	i	j	k	s	t
u	v	w	x	y	z	d	e	f
g	h	i	j	k	l	m	n	n
o	p	q	r	s	t	u	v	w
x	y	z	d	e	f	j	k	l

ÜBUNG 485

Wie schnell bist du?

Buchstabenreihe

Sieh dir die folgende Reihe von Buchstaben an. Versuche, so schnell wie möglich jedes x zu erkennen. Wie viele sind es?

oxöäwrxärjewtowierpxxxöhgxöäoierhtöwtohx

ÜBUNG 486

Der Papagei auf der Schulter des Piraten hat viele Spiegelbilder, aber nur eins ist das richtige. Welches ist es?

Vergleichsbild

ÜBUNG 487

Wie schnell bist du?

Buchstabenreihe

In dem folgenden „d2"-Test geht es darum, so schnell wie möglich alle d-Zeichen mit zwei Punkten herauszufinden. Dabei können die Punkte darüber, darunter oder sowohl als auch angebracht sein.

d	d	d	p	q	b	q	p	b	d	b	q
d	d	p	d	p	q	b	q	p	b	d	b
p	d	d	d	p	q	b	q	p	b	d	b
p	d	d	d	p	q	b	b	q	p	b	d
d	p	d	d	d	p	q	b	q	p	b	d

125

REAKTION

ÜBUNG 488

Wie schnell bist du?

Buchstabenreihe

Sieh dir die folgenden Buchstabenreihen an. Versuche, so schnell wie möglich jedes x zu erkennen. Wie viele sind es?

öökpoxöäeuwrphgpxärjewtowierpxxxöioewur
hföerjgxöäoierhtöwtohxööiuhxuzfxzufglogxi
ugilöxghxöliugxxxööiuhxxööihxöäoihxasqw

ÜBUNG 489

Auf die Plätze, fertig …

Buchstabenreihe

Sieh dir die folgenden Buchstabenreihen an. Finde so schnell wie möglich jedes p und jedes q heraus. Wie viele sind es jeweils?

eqirupqptkqsdpjbqqhapsbqvaphqqfdpppqqqzerqpt
khqjbpvaqsnpdqbgzqqperwqjppbkqasdvqpjaqskqq
dplqveaqsprzqtwqqqpoidfqpjvsppqppüspjqkdvhpw
qeruppqqppwlqkpjfvqbaplqeiurqth

ÜBUNG 490

Für Blitzschnelle

Buchstabenreihe

Sieh dir die folgenden Buchstabenreihen an. Versuche, so schnell wie möglich jedes a zu erkennen. Wie viele sind es?

auhhbhgaljöpaajuphaöokjööiajölkhnuzaaöojö
oaaöoäihjajpuizaöohaöoijöojaaaäjööäjnöäaa

ÜBUNG 491

Wie kommt Alexander zu dem leckeren Bonbon?

Labyrinth

ÜBUNG 492

Teste deine Reaktion!

Buchstabenreihe

In dem folgenden „d2"-Test findest du neben den Buchstaben d, p, b und q mit keinem, einem oder zwei Punkten auch solche mit drei oder vier Punkten. Wie viele d-Zeichen mit zwei Punkten kannst du entdecken? Die Punkte können darüber, darunter oder sowohl als auch angebracht sein.

REAKTION

Lösungen

Lösung 423: Das Etikett in der Mitte
Lösung 424: Es sind 34; 5 r, 7 v, 8 s, 6 f, 8 o.
Lösung 425:

Lösung 426: Buch, Haus, Baum, Schule, Rätsel
Lösung 427: A1, B4, C5, D2, E3
Lösung 428: 12 „d2"
Lösung 429: Hexe Nummer 3
Lösung 433: Amsel, Drossel, Fink und Star
Lösung 434: A4, B1, C6, D3, E2, F5
Lösung 435: 16 Paare
Lösung 436: der Schatten 5
Lösung 437: 45
Lösung 438: Du bist ein echter Rätselmeister.
Lösung 440: Das Symbol taucht 18-mal auf.
Lösung 441: H = Eingang, M = Ausgang
Lösung 442: Du findest dad 6-mal in der Grafik.
Lösung 444: 62
Lösung 445: Schatten Nummer 3
Lösung 446: A2, B1, C5, D4, E3
Lösung 448: Es sind 32-mal das V und 38-mal das W.
Lösung 450: A3, B4, C1, D6, E2, F5
Lösung 451: Rätselkönig und Quizmeisterin
Lösung 452: Weg C führt zum Apfel, Weg H zur Birne
Lösung 453: Hochsprung, Schwimmen und Eishockey
Lösung 454: 19 „d2"
Lösung 456: Schatten E
Lösung 457: Es sind 16 Paare.
Lösung 458: A1, B3, C5, D4, E2, F6
Lösung 460: A4, B2, C1, D3, E5

Lösung 461: 20 Vokale
Lösung 463: Schwanzfarbe des Hundes; eine Hinterpfote des Hundes fehlt; ein Punkt an der Schnauze des Hundes fehlt; die Kammfarbe des Hahnes ist verändert; dem Hahn fehlt ein Auge.
Lösung 464: Schatten Nummer 4
Lösung 465: 19 „d2"
Lösung 466: 65
Lösung 467: Du findest OMO 6-mal in der Grafik.
Lösung 468: 46
Lösung 470: Es sind Puppe, Ball, Teddy, Gameboy und Bausteine.
Lösung 471: Es sind 40 X und 39 Y.
Lösung 472: Lakritze, Kaugummi, Bonbon und Schokolade.
Lösung 473: Es gibt 28-mal das d und 37-mal das b.
Lösung 474: 29 Vokale; 3 a, 6 e, 6 i, 7 o, 7 u
Lösung 475: Rot, Blau, Grün, Braun, Violett und Orange.
Lösung 477: A4, B3, C1, D5, E2
Lösung 478: A5, B3, C2, D1, E4
Lösung 479: Maus Nummer 3
Lösung 481: Es sind 13 z.
Lösung 482: Das Symbol taucht 33-mal auf.
Lösung 483: 53
Lösung 484: 8 Vokale
Lösung 485: Es ist 7-mal das x.
Lösung 486: Es ist das Spiegelbild mit dem Buchstaben f.
Lösung 487: 13 „d2"
Lösung 488: Das x taucht 19-mal auf.
Lösung 489: Du findest 31-mal das p und 39-mal das q.
Lösung 490: Du findest das a 18-mal.
Lösung 491:

Lösung 492: 7 „d2"

KONZENTRATION

Konzentration

Wenn du diese Zeilen hier liest, hast du sicherlich schon eine ganze Menge Aufgaben gelöst. Dabei ist dir vielleicht aufgefallen, dass du in manchen Momenten viel schneller auf die richtige Lösung kommst als in anderen. Das muss dann nicht unbedingt daran liegen, dass die Aufgaben manchmal einfacher und manchmal schwieriger sind.

Der Grund dafür kann auch deine Konzentrationsfähigkeit sein. Konzentrationsfähigkeit – was ist denn das schon wieder? Sich zu konzentrieren bedeutet, seine ganze Aufmerksamkeit auf eine Sache zu lenken. Wenn du zum Beispiel Hausaufgaben machst, dann geht das am besten, wenn du nicht gleichzeitig noch mit einer Freundin telefonierst, die Katze ärgerst, Musik hörst und die neue Playstation® testest. Wer tausend Sachen gleichzeitig macht, kann sich nämlich nicht auf die eine wichtige Sache konzentrieren.

Eine gewisse Fähigkeit zur Konzentration bringt jeder Mensch von Geburt an mit. Damit du aber komplizierte Dinge gut erledigen kannst, musst du deine Konzentration trainieren. In diesem Kapitel findest du nun Aufgaben, die dir dabei helfen, ein Champion in Sachen Konzentrationsfähigkeit zu werden.

ÜBUNG 493

Nicht schielen!

Bilderrätsel

Vor dir siehst du viele Dreiecke. Deine Aufgabe ist es nun, herauszufinden, um wie viele Dreiecke es sich handelt.

ÜBUNG 494

In welcher Häuserzeile sind alle Häuser der oberen Reihe zu finden?

Bildausschnitt

128

KONZENTRATION

ÜBUNG 495

Finde unter den folgenden Buchstaben alle Vokale (a, e, i, o, u) heraus.

Buchstabenreihe

allalffarwqzplkeiolunmsnuionhgeeapljhgasdfei
oreretzzuoiklwqdfueghpmnaoibcvxeyzteapklrte
ioklnejheelkmnbdeuadklkjsfhekeneioejherwww
aiuaeuhgwqplkmnbdsuisnbdfgjhertzpolkms

ÜBUNG 496

Wie viele Rechtecke siehst du?

Bilderrätsel

ÜBUNG 497

Von rechts nach links

Textaufgabe

Im folgenden Text ist alles von rechts nach links geschrieben. Lies ihn trotzdem so zügig wie möglich.

amaM ettah nenie nenielk negawrelloB tgroseb. tzteJ etssum annA sad kcinkciP dnu ned remieressaW, ni med eis illauQ remmi hcrud eid dnegeG gurt, thcin rhem stbles neppelhcs. hcildnE raw sella gitref dnu annA etnnok hcis fua ned geW nehcam. eiS etllets eid nehcaS ni rhi nehclegäW dnu etnnar sol muz dnartS.

ÜBUNG 498

Zeichne die Linie spiegelbildlich zur gestrichelten nach.

Bilderrätsel

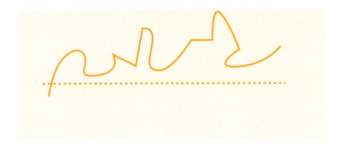

ÜBUNG 499

Für Konzentrations-Champions

Buchstabenreihe

In dieser Übung siehst du Dreierkombinationen der Buchstaben b oder d oben, a oder e in der Mitte und p oder q unten. Wie oft findest du folgende vertikale Kombination:
d
a
p

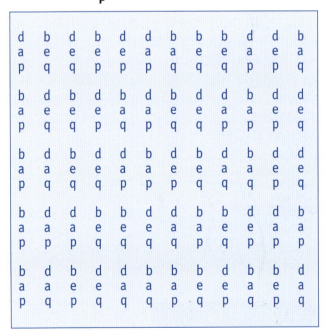

129

KONZENTRATION

ÜBUNG 500

Streichhölzer

Bilderrätsel

Stelle drei Hölzchen so um, dass vier gleichseitige Dreiecke entstehen, ohne die drei anderen Hölzchen zu verändern.

ÜBUNG 501

Keine Satzzeichen

Textaufgabe

In diesem Text fehlen nicht nur alle Satzzeichen, es sind auch alle Buchstaben groß geschrieben. Kannst du ihn trotzdem lesen?

SCHNELLHOBANNAQUALLIINDENWASSEREIMERQUALLI
MUSSTEIMMERINEINEMWASSEREIMERREISENDAMIT
ERINDERSONNENICHTAUSTROCKNETEDASWARMANCH
MALFÜRANNAEINWENIGMÜHSAMABERSOKONNTESIE
WENIGSTENSIMMERMITIHREMFREUNDZUSAMMEN
SEINWASISTDASDENNFÜREINEÜBERRASCHUNGSAG
SCHONICHBINJASCHONSONEUGIERIGICHKANNESKAUM
NOCHAUSHALTEN

ÜBUNG 502

Lege vier Hölzchen so um, dass zwei Quadrate entstehen.

Bilderrätsel

ÜBUNG 503

Im rechten Bild haben sich zehn Fehler eingeschlichen. Wer kann sie entdecken?

Vergleichsbild

ÜBUNG 504

Schaffst du das?

Suchbild

Zähle von 1 bis 35, indem du mit dem Finger oder einem spitzen Stift (ohne zu markieren) auf die jeweilige Zahl im Kästchen tippst.

KONZENTRATION

ÜBUNG 505

Streichhölzer

Bilderrätsel

Lege die acht Streichhölzer so um, dass zwei Quadrate und acht Dreiecke entstehen.

ÜBUNG 506

Welches der drei Muster ist in der Vorlage enthalten?

Bilderrätsel

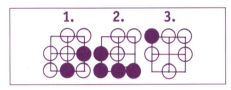

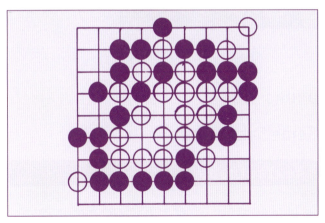

ÜBUNG 507

Streichhölzer

Bilderrätsel

Lege drei Hölzchen so um, dass drei gleich große Dreiecke entstehen.

ÜBUNG 508

Dreiecke

Bilderrätsel

Wie viele Dreiecke sind hier abgebildet? Zähle die durch Überschneidungen entstandenen nicht mit.

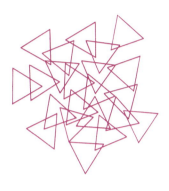

ÜBUNG 509

Wo sind Frau Holle, Mutter, Goldmarie und Pechmarie?

Vexierbild

KONZENTRATION

ÜBUNG 510

Spiegelschrift

Textaufgabe

Kannst du diesen Text, der in Spiegelschrift und Großbuchstaben geschrieben ist, laut und so zügig wie möglich vorlesen?

ES WAR NICHT SO EINFACH, DEN BOLLERWAGEN DIE DÜNE HINAUFZUZIEHEN. ABER DANN HATTE SIE ES ENDLICH GESCHAFFT. „PUH, JETZT BIN ICH ABER DURSTIG.", SCHNAUFTE ANNA UND NAHM DIE FLASCHE MIT DER APFELSCHORLE AUS DEM PICKNICKKORB. „MÖCHTEST DU AUCH EINEN SCHLUCK, QUALLI?" „NEIN DANKE, ANNA. ICH HABE KEINEN DURST. SCHLIESSLICH BIN ICH DIE GANZE ZEIT IM WASSER UND KANN TRINKEN, WANN ICH WILL."

ÜBUNG 511

Trainiere deine Konzentration!

Bilderrätsel

Verfolge die Linien mit den Augen, ohne dich von den geometrischen Figuren, die die Linien unterbrechen, ablenken zu lassen.

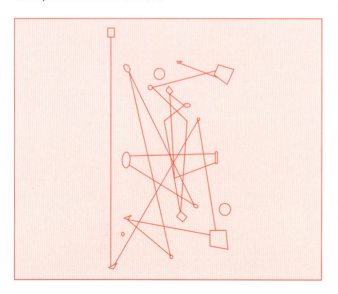

ÜBUNG 512

Welche Ausschnitte gehören nicht zu diesem Bild?

Bildausschnitt

ÜBUNG 513

Keine Satzzeichen

Textaufgabe

Im folgenden Text fehlen alle Satzzeichen und auch die Leerzeichen zwischen den Wörtern. Lies ihn trotzdem laut und so zügig wie möglich vor.

AnnahattesichsehraufihrenUrlaubgefreutSchonseitdemFrühjahrhattesiedaraufgewartetendlichwiedermitMamaundihremgroßenBruderBjarneansMeerzufahrenPapawürdenachkommenerhattenochvielArbeitUndjetztwarsiebereitseinpaarTageaufSpiekeroogundalleswarnochviellolleralssieessichvorgestellthatteDasMeerundderStrandwarensoschönwieimmeraberschonamerstenTaghatteAnnaQuallieineQuallegetroffenundihrdasLebengerettet

132

KONZENTRATION

ÜBUNG 514

Es gibt nur einen Weg, der im Bild rechts zum Ziel führt. Wer findet ihn?

Labyrinth

ÜBUNG 515

Welches der drei Muster ist in der Vorlage enthalten?

Bilderrätsel

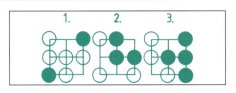

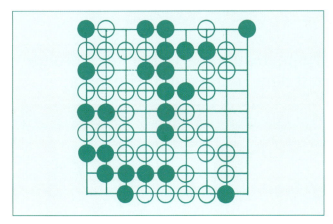

ÜBUNG 517

Bilderrätsel

Konzentriere dich auf die Linien. Versuche, festzustellen, welche der drei Linien parallel verlaufen.

ÜBUNG 516

Sechsecke

Bilderrätsel

Wie viele Sechsecke sind hier abgebildet. Zähle die durch Überschneidungen zustande gekommenen Sechsecke nicht mit.

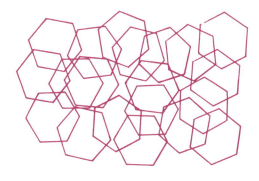

133

KONZENTRATION

ÜBUNG 518

Tippe, mit z beginnend, in umgekehrter alphabetischer Reihenfolge mit dem Finger auf die Buchstaben.

Suchbild

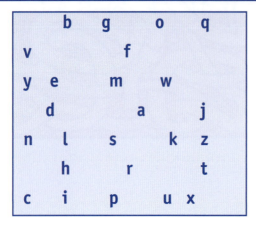

ÜBUNG 519

Wo ist die Sennerin?

Vexierbild

ÜBUNG 520

Spiegelschrift

Textaufgabe

Dieser Text ist in Spiegelschrift geschrieben. Versuche, ihn so zügig wie möglich laut vorzulesen.

Qualli schaute sich den Bollerwagen ganz genau an und kratzte sich mit einem seiner vielen Beinchen am Kopf. „Meinst du wirklich, dass ich mit dem Wagen fahren kann? Was machen wir, wenn mein Eimer umkippt und das Wasser ausläuft?" Anna lachte. „Keine Angst, Qualli." Schnell häufte sie mit ihrer Schaufel einen kleinen Sandberg in den Wagen. Dann grub sie in der Mitte ein Loch und stellte Quallis Wassereimer hinein. Nun war der Eimer von allen Seiten von Sand umgeben und konnte nicht mehr umfallen.

ÜBUNG 521

Tippe in alphabetischer Reihenfolge mit dem Finger auf die Buchstaben.

Suchbild

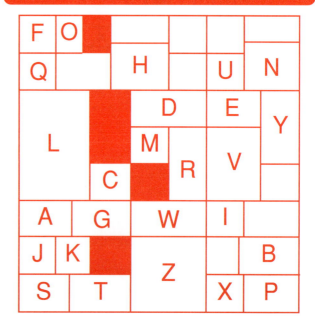

KONZENTRATION

ÜBUNG 522

Zeichne die Zickzacklinie spiegelbildlich zur gestrichelten Linie nach.

Bilderrätsel

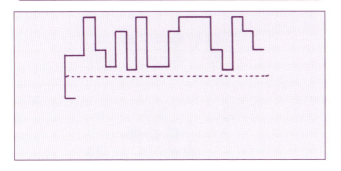

ÜBUNG 523

Für flotte Bienen

Labyrinth

Schau dir die Flugbahn der einzelnen Bienen genau an, dann findest du schnell heraus, welche Biene am Colaglas genascht hat.

ÜBUNG 524

Welches der drei Muster ist in der Vorlage enthalten?

Bilderrätsel

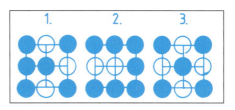

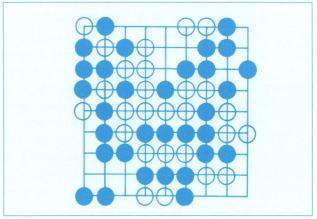

ÜBUNG 525

Verbinde die Buchstaben, mit a beginnend, in alphabetischer Reihenfolge mit Bleistiftlinien.

Suchbild

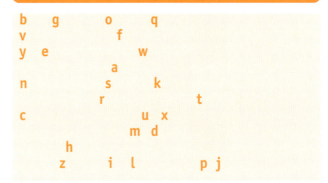

135

KONZENTRATION

ÜBUNG 526

Funny, die kleine Hexe, ist mit ihrem neuen Besen unterwegs. Wie verläuft ihr Flugweg zwischen den Wolken?

Labyrinth

ÜBUNG 527

Tippe in alphabetischer Reihenfolge mit dem Finger auf die Buchstaben.

Suchbild

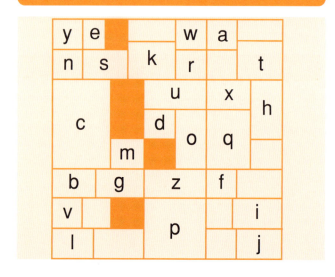

ÜBUNG 528

Welches der drei Muster ist in der Vorlage enthalten?

Bilderrätsel

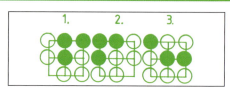

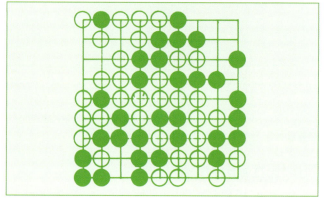

ÜBUNG 529

Wo ist der kleine Hund geblieben?

Vexierbild

KONZENTRATION

ÜBUNG 530

Im rechten Bild haben sich zehn Fehler eingeschlichen. Wer kann sie entdecken?

Vergleichsbild

ÜBUNG 532

Figuren

Bilderrätsel

Wie viele Drei-, Vier- und Fünfecke sind zu sehen? Zähle die durch Überschneidungen zustande gekommenen nicht mit.

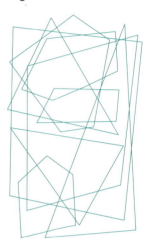

ÜBUNG 531

Konzentriere dich!

Suchbild

Zähle von 1 bis 35, indem du mit dem Finger oder einem spitzen Stift (ohne zu markieren) auf die jeweilige Zahl im Kästchen tippst.

ÜBUNG 533

Viereckе

Bilderrätsel

Zähle die hier abgebildeten Vierecke.

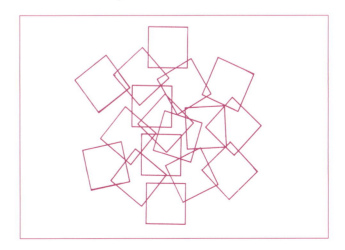

137

KONZENTRATION

ÜBUNG 534

Tippe mit dem Zeigefinger in umgekehrter alphabetischer Reihenfolge auf die Buchstaben. Beginne also mit dem Z.

Suchbild

ÜBUNG 536

Auf welchem Wege wird der Puck zum Torwart gelangen?

Labyrinth

ÜBUNG 535

Welches der drei Muster ist in der Vorlage enthalten?

Bilderrätsel

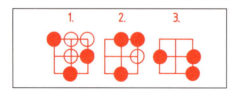
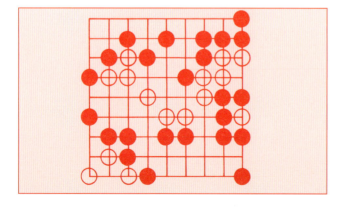

ÜBUNG 537

Verbinde – mit dem A beginnend – die Buchstaben in alphabetischer Reihenfolge!

Suchbild

138

KONZENTRATION

ÜBUNG 538

Wo sind das Krokodil, der Räuber, der Gendarm, der Teufel und die Gretel?

Vexierbild

ÜBUNG 539

In dem oberen Kasten findet man die Perlen für eine der vier unteren Ketten.

Bildausschnitt

ÜBUNG 540

Für Konzentrations-Champions

Buchstabenreihe

Wie oft findest du folgende vertikale Kombination:
k
e?
q

d k d k d k d k d k d k d
e u u u e e e u u u e e
q q y y q q y q y y q q y

k k d k d d k k d k d d k
e e e u u e e u u e e e u
q y q y y q q y y q q y y

d k d k k d d k d k d k k
e u u e u e e u e u u e e
y y q q y y q q y y y q q

d k d k d k d k d k d d
e u u e u u e u u e e u e
q y y q q q y q y q q y

ÜBUNG 541

Tippe mit dem Zeigefinger in umgekehrter alphabetischer Reihenfolge auf die Buchstaben. Beginne also mit dem Z.

Suchbild

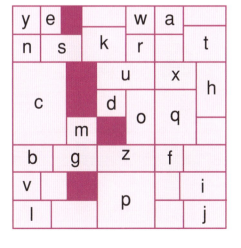

139

KONZENTRATION

ÜBUNG 542

Welches der drei Muster ist in der Vorlage enthalten?

Bilderrätsel

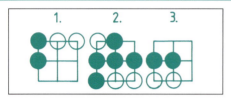

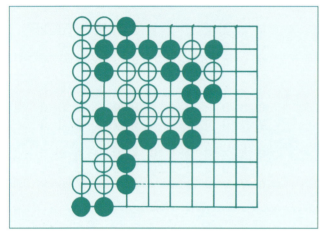

ÜBUNG 543

An welche Stellen gehören die folgenden Ausschnitte ins Bild?

Bildausschnitt

ÜBUNG 544

Wo ist das Ungeheuer von Loch Ness?

Vexierbild

ÜBUNG 545

Streichhölzer

Bilderrätsel

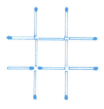

Lege drei Hölzchen so um, dass drei gleich große Quadrate entstehen.

KONZENTRATION

ÜBUNG 546

Welchen der sechs Ausschnitte findet man nicht in dem Bild wieder?

Bildausschnitt

ÜBUNG 547

Welches der drei Muster ist in der Vorlage enthalten?

Bilderrätsel

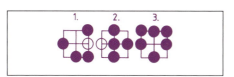

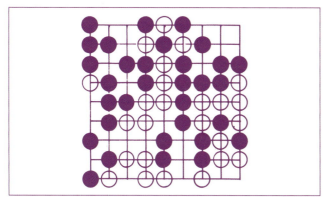

ÜBUNG 548

Los geht's!

Bilderrätsel

Vor dir siehst du ein gleichseitiges Dreieck. Je nachdem, welches Dreieck für dich den Vordergrund bildet, entsteht ein anderes Dreieck. Lasse die verschiedenen Deutungen möglichst schnell abwechseln.

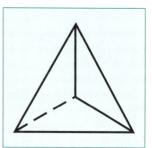

ÜBUNG 549

Schaffst du das?

Suchbild

Tippe in umgekehrter alphabetischer Reihenfolge, mit Z beginnend, mit dem Finger auf die Buchstaben.

ÜBUNG 550

Zeichne die Zickzacklinie spiegelbildlich zur gestrichelten Linie nach.

Bilderrätsel

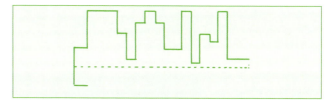

141

KONZENTRATION

ÜBUNG 551

Finde unter den folgenden Buchstaben und Zahlen alle Vokale (a, e, i, o, u).

Buchstabenreihe

f6g7h8i04c5f6g7h8i0j1kl2vw2xa
143y4zo5pxa143y4zo5p6b2d3eg
7h8i0j1kl2m3nq7rr8s9t0u1i0j1k
l2m3nq7r8s9t0u1vw2d3e4c5f6g7
h8i0j1kl2m3nqvw2xa1436b2d3e4
c5f6g7h8i0j1klxa143y4zo5p6b2d
3e4c5f6j1kl2m3nq7a143y4zo5p6

ÜBUNG 552

Tippe in alphabetischer Reihenfolge mit dem Finger auf die Buchstaben. Beginne mit A.

Suchbild

```
      B   G     O    Q      M
V         F   J      H
    Y  E              W
       A      Z
I      N   D  S         K
          R   T
C      L      U  X  P
```

ÜBUNG 553

Zeichne die Zickzacklinie spiegelbildlich zur gestrichelten Linie nach. Beginne unten links.

Bilderrätsel

ÜBUNG 554

Lass dich nicht ablenken!

Suchbild

Zähle von 1 bis 35, indem du mit dem Finger oder einem spitzen Stift (ohne zu markieren) auf die jeweilige Zahl im Kästchen tippst.

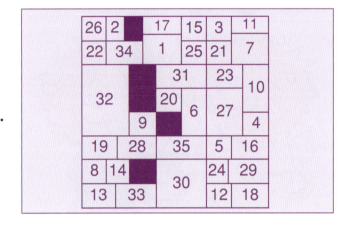

ÜBUNG 555

Konzentriere dich!

Bilderrätsel

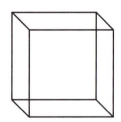

Du kannst den Würfel auf zwei Arten wahrnehmen, je nachdem, welches Quadrat für dich den Vordergrund bildet. Lasse die beiden Deutungen möglichst schnell abwechseln.

KONZENTRATION

Lösungen

Lösung 493: 30 Dreiecke

Lösung 494: in der dritten Reihe von unten

Lösung 495: 56 Vokale

Lösung 496: 35 Rechtecke

Lösung 497: Mama hatte einen kleinen Bollerwagen besorgt. Jetzt musste Anna das Picknick und den Wassereimer, in dem sie Qualli immer durch die Gegend trug, nicht mehr selbst schleppen. Endlich war alles fertig und Anna konnte sich auf den Weg machen. Sie stellte die Sachen in ihr Wägelchen und rannte los zum Strand.

Lösung 499: 9-mal

Lösung 500: Du musst die drei äußeren Hölzchen so aufstellen, dass sich eine Pyramide ergibt.

Lösung 501: SCHNELL HOB ANNA QUALLI IN DEN WASSEREIMER. QUALLI MUSSTE IMMER IN EINEM WASSEREIMER REISEN, DAMIT ER IN DER SONNE NICHT AUSTROCKNETE. DAS WAR MANCHMAL FÜR ANNA EIN WENIG MÜHSAM, ABER SO KONNTE SIE WENIGSTENS IMMER MIT IHREM FREUND ZUSAMMEN SEIN. „WAS IST DAS DENN FÜR EINE ÜBERRASCHUNG? SAG SCHON! ICH BIN JA SCHON SO NEUGIERIG. ICH KANN ES KAUM NOCH AUSHALTEN!"

Lösung 502:

Lösung 503:

Lösung 505:

Lösung 506: 1

Lösung 507:

Lösung 508: 22 Dreiecke

Lösung 509: Frau Holle steht links über dem Dach, Mutter, Gold- und Pechmarie sind rechts im Baum.

Lösung 510: ES WAR GAR NICHT SO EINFACH, DEN BOLLERWAGEN DIE DÜNE HINAUFZUZIEHEN. ABER DANN HATTE SIE ES ENDLICH GESCHAFFT. „PUH, JETZT BIN ICH ABER DURSTIG", SCHNAUFTE ANNA UND NAHM DIE FLASCHE MIT DER APFELSCHORLE AUS DEM PICKNICKKORB. „MÖCHTEST DU AUCH EINEN SCHLUCK, QUALLI?" „NEIN DANKE, ANNA. ICH HABE KEINEN DURST. SCHLIESSLICH BIN ICH DIE GANZE ZEIT IM WASSER UND KANN TRINKEN, WANN ICH WILL."

Lösung 512: Die Ausschnitte 2 und 5 gehören nicht zu diesem Bild.

Lösung 513: Anna hatte sich sehr auf ihren Urlaub gefreut. Schon seit dem Frühjahr hatte sie darauf gewartet, endlich wieder mit Mama und ihrem großen Bruder Bjarne ans Meer zu fahren. Papa würde nachkommen, er hatte noch viel Arbeit. Und jetzt war sie bereits ein paar Tage auf Spiekeroog und alles war noch viel toller, als sie es sich vorgestellt hatte. Das Meer und der Strand waren so schön wie immer, aber schon am ersten Tag hatte Anna Qualli, eine Qualle, getroffen und ihr das Leben gerettet.

Lösung 514:

Lösung 515: 1

Lösung 516: 20 Sechsecke

Lösung 517: die oberen beiden

143

KONZENTRATION

Lösung 519: Die Sennerin liegt oben über den Tannen in den Bergen.

Lösung 520: Qualli schaute sich den Bollerwagen ganz genau an und kratzte sich mit einem seiner vielen Beinchen am Kopf. „Meinst du wirklich, dass ich mit dem Wagen fahren kann? Was machen wir, wenn mein Eimer umkippt und das Wasser ausläuft?" Anna lachte. „Keine Angst, Qualli." Schnell häufte sie mit ihrer Schaufel einen kleinen Sandberg in den Wagen. Dann grub sie in der Mitte ein Loch und stellte Quallis Wassereimer hinein. Nun war der Eimer von allen Seiten von Sand umgeben und konnte nicht mehr umfallen.

Lösung 523: Biene A

Lösung 524: 1

Lösung 526:

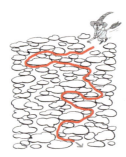

Lösung 528: 3

Lösung 529: Der kleine Hund hat sich verkehrt herum oben in der Mitte zwischen den Zweigen versteckt.

Lösung 530:

Lösung 532: 3 Dreiecke, 3 Vierecke, 3 Fünfecke

Lösung 533: 17 Vierecke

Lösung 535: 3

Lösung 536:

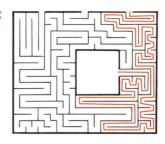

Lösung 538: Krokodil, Räuber, Gendarm, Teufel und die Gretel hängen kopfstehend über dem Kasperl verteilt.

Lösung 539: für Kette 4

Lösung 540: 11-mal

Lösung 542: 2

Lösung 543:

Lösung 544: Das Ungeheuer von Loch Ness liegt in der oberen rechten Bergspalte auf dem Rücken.

Lösung 545:

Lösung 546: Ausschnitt d

Lösung 547: 1

Lösung 551: 21 Vokale

144